广东省教育体制综合改革项目成员名单

组长 卞海峰

组员 （按姓氏拼音排列）

陈　森　方元子　柳　阳　王宇晖　王宝顺

肖志国　姚维保　姚凤民　张　霄

● 本书及调研活动得到了2014年广东省教育体制综合改革项目和2016年广东省自然科学基金项目（2016A030310295）的资助及支持

提高广东省教育财政保障水平研究与实践

于海峰　等著

中国·广州

图书在版编目（CIP）数据

提高广东省教育财政保障水平研究与实践/于海峰等著．—广州：暨南大学出版社，2018.5

ISBN 978－7－5668－2303－8

Ⅰ.①提… Ⅱ.①于… Ⅲ.①地方教育—教育财政—研究—广东 Ⅳ.①G527.65

中国版本图书馆CIP数据核字（2018）第008961号

提高广东省教育财政保障水平研究与实践

TIGAO GUANGDONGSHENG JIAOYU CAIZHENG BAOZHANG SHUIPING YANJIU YU SHIJIAN

著者：于海峰 等

出 版 人：徐义雄
责任编辑：曾鑫华 高 婷
责任校对：刘雨婷
责任印制：汤慧君 周一丹

出版发行：暨南大学出版社（510630）
电 话：总编室（8620）85221601
营销部（8620）85225284 85228291 85228292（邮购）
传 真：（8620）85221583（办公室） 85223774（营销部）
网 址：http：//www.jnupress.com
排 版：广州市天河星辰文化发展部照排中心
印 刷：广州市穗彩印务有限公司
开 本：787mm×1092mm 1/16
印 张：8.5
字 数：161千
版 次：2018年5月第1版
印 次：2018年5月第1次
定 价：28.00元

前　言

教育和人才在促进广东经济社会发展、践行广东精神、实现“中国梦”的过程中起到基础性与根本性的作用。《广东省中长期教育改革和发展规划纲要（2010—2020)》明确了广东省2010—2020年教育改革发展的总体战略和目标任务。广东省教育改革目标的实现离不开财政资金的优先保障。以财政为抓手，提高广东省教育财政保障水平，能够有效地促进广东省各级各类教育均衡发展，彰显教育公平，较快实现广东省教育现代化、国际化，保障广东省经济社会的可持续发展。

广东省教育财政保障体系调研组历经两年，对广东省教育财政保障体系进行了较为全面的调研。本书是在调研报告的基础上整理而成的。全书共有六个章节，第一章、第二章是对现有研究文献的总结与梳理；第三章梳理和总结了广东省近年来各项教育财政保障政策和经验；第四章分析了调研中发现的问题，并对广东省内21个城市的教育财政保障缺口进行了估算，分析了问题及教育财政保障缺口存在的原因；第五章梳理和总结了教育财政保障体系的国际经验；第六章是关于改革和完善广东省教育财政保障体系的政策建议。

广东省教育财政保障体系调研组由于海峰（广东财经大学，教授）带领，姚凤民（广东财经大学地方公共财政研究中心，教授）负责组织、管理和推动各项调研活动。相关调研负责人依次为：张霄（广东财经大学财政税务学院，讲师）、王宇晖（广东财经大学国际商学院，研究员）、肖志国（广东财经大学教师发展与教育技术中心，助理研究员）、姚维保（广东财经大学财税学院，副教授）、方元子（广东财经大学财政税务学院，讲师）、柳阳（广东财经大学财政税务学院，讲师）、陈淼（广东财经大学财政税务学院，讲师）、王宝顺（中南财经政法大学，副教授）。陈淼负责了全书相关资料的整理和调整工作。感谢广东省教育厅发展规划处、基财处和广东省财政厅教科文处对我们调研的大力支持。感谢暨南大学出版社的曾鑫华主任和高婷编辑对本书所付出的辛勤劳动。

由于广东省教育财政保障体系的调研工作始于2014年，历时三年才结集成书。而近年来广东省教育财政体制改革进入了快车道，各项政策也在不断变化，疏漏之处还请广大读者和师生批评指正，为我们进一步深入的研究提供帮助。

著　者

2018年1月

目　录

1 绪 论

教育和人才在促进广东省经济社会发展、践行广东精神、实现“中国梦”的过程中起着基础性与根本性的作用，十九大报告中也特别提出要优先发展教育事业。《广东省中长期教育改革和发展规划纲要（2010—2020）》明确了广东省2010—2020年教育改革发展的总体战略和目标任务。广东省教育改革目标的实现离不开财政资金的优先保障。以财政为抓手，提高广东省教育财政保障水平，能够有效地促进广东省各级各类教育均衡发展，彰显教育公平，较快实现广东省教育现代化、国际化，保障广东省经济社会的可持续发展。

1.1 研究意义

实现教育现代化是广东省全面建成小康社会、率先基本实现社会主义现代化战略目标的重要组成部分，是广东省经济社会发展的必然要求，也是人民群众的热切期盼。改革开放以来，广东省历届省委、省政府都十分重视教育发展，坚持把教育作为经济社会发展总体布局的战略重点，科学谋划、优先发展，制定了一系列战略目标和政策。2004年发布《广东省教育现代化建设纲要（2004—2020年）》；2012年省委第十一次党代会提出创建教育强省、争当教育现代化先进区、打造南方教育高地（合称教育“创强争先建高地”）。每一次目标的提出和实现，都是教育发展的新飞跃。

时至今日，总结教育财政保障的经验有重要的价值和意义。教育财政保障是广东省教育现代化的基础和有力保障。广东省教育经费总量多年保持全国第一，“十二五”期间全省预算内教育经费（含教育费附加）占财政支出的比例逐步提高，教育经费统筹管理水平和教育经费使用效率也在不断提高。为了确保今后广东省教育现代化更快、更好地发展，总结和梳理多年来广东省教育财政保障体系在推进教育现代化过程中的作用和意义具有很强的研究价值与意义。

1.1.1 项目价值

第一，对教育财政投入的实践进行总结。自2009年《广东省基本公共服务均等化规划纲要（2009—2020年)》和2012年《广东省中长期教育改革和发展规划纲要(2010—2020)》颁布实施以来，广东省对教育领域的财政投入金额大幅增加，有经验成效也有不足。通过实施本项目，可以对已经实施的教育财政投入制度的优点和经验加以总结，对缺点、教训进行分析，以便在今后的改革进程中加以改进。

第二，通过项目研究提出方案，为试点做准备。选择试点对教育财政投入体制在原有的基础上进行改革，就要先研究现状，对国内外教育财政投入情况进行调研，结合实际，提出改革方案，保证教育财政投入体制试点改革的顺利进行。

第三，为教育财政保障的机制和制度建设提供范本。通过在试点区域实施改革方案，探索生均拨款制度、非义务教育成本分担机制、扩大学校理财自主权等制度改革，为广东省的教育财政保障制度建设提供宝贵的成功经验。

第四，为广东省教育财政保障决策提供支撑。通过总结试点区域的教育财政保障制度改革的成功经验和不足之处，可以以点带面，为全省展开教育财政保障体制改革提供参考，为广东省教育事业又好又快地发展提供财力支持。

1.1.2 项目意义

第一，对提高广东省教育财政保障水平有促进作用。试点区域的促进作用在于始终以提高教育财政保障水平为目标，系统推进《广东省中长期教育改革和发展规划纲要（2010—2020)》和《广东省基本公共服务均等化规划纲要（2009—2020年)》的实施，建设教育文化强省；运用各种手段创新教育财政保障制度，全面实现教育投入法定“三个增长”；探索建立与经济快速发展相适应的新型教育财政保障制度。

第二，对优化教育支出结构有重要的指导意义。广东省教育支出结构还存在不够合理之处，例如在义务教育支出与非义务教育支出方面、高等教育支出与中等职业教育支出方面，通过本项目的研究和试点的实际经验，可以对广东省教育支出结构的改善提供良好参考，具有重要的指导意义。

第三，对广东省经济发展有推动作用。广东省教育财政支出对经济有着明显的促进作用，尽管这种作用并不是直接作用于经济，而是通过教育，通过人力资本的积累等方面显现出来的。通过提高广东省教育财政保障水平，可以培养出大量高层次人才，适应目前广东省经济结构调整和产业转型升级的需要，推动广东省经济继续保持全国领先的地位。

第四，对全国提高教育财政保障水平有示范作用。广东省是改革开放的前沿阵地，自2009年以来，广东省对教育财政投入的绝对数额在全国名列前茅，在试点区域进行教育财政保障体制的改革，不仅可以提高广东省教育财政保障的水平和质量，而且还可以再创广东省体制机制新优势，发挥广东省对全国的辐射带动作用和先行示范作用，对全国教育财政保障水平的提高作出贡献。

1.2 教育财政保障研究综述

在21世纪，国家综合国力和国际竞争能力将越来越取决于科技和人才，而科技的进步和人才的培养都离不开教育事业的发展。党的十一届三中全会以来，教育始终处于我国优先发展的战略性地位，国家财政对教育经费的保障水平也是教育水平发展的重要制约因素。国内外学者也从经济价值的角度对教育的重要性进行了研究，从中我们可以看出教育财政保障水平的重要性。

1.2.1 国外学者的研究

早期的欧洲学者就已经意识到教育的经济价值。古希腊哲学家柏拉图（Plato）的研究显示，知识在生产工艺过程中具有十分重要的作用。

英国古典政治经济学的创始人威廉·配弟（Willam Petty）曾经在《政治算术》[①]中以海员的训练为例来说明教育的作用，即教育和训练能够使人的劳动生产能力产生差别。他认为海员的劳动“不经过长期而痛苦的训练是学不会的”。威廉·配弟还计算过教育成果的货币价值，他的计算显示，从劳动的货币价值来看，“一个海员实际上等于三个农民”。威廉·配弟是最早测算教育的经济价值的学者。

亚当·斯密（Adam Smith）在《国富论》[②]中指出：“学习一种才能需要教育，需要进学校，需要做学徒，要支付不菲的费用。这样的支出好像是固定并已经落实在学习者身上。这些才能是他个人财产的一部分，也是他所属社会财产的一部分。学习的时候，虽然要支付一笔费用，但这些费用可以得到偿还，并可以创造利润。”在此，亚当·斯密也明确指出了教育与经济之间的关系。

---

① 威廉·配弟．政治算术［M］．北京：中国社会科学出版社，2010.

② 亚当·斯密．国富论［M］．郭大力，王亚南，译．上海：中华书局，2011.

大卫·李嘉图（David Ricardo）曾经指出，教育和知识可以用来增加财富。同时，他还认为，复杂劳动所生产的价值大于简单劳动所生产的价值。他的观点对于研究教育投资具有重要的参考价值。

法国早期经济学家让·巴蒂斯特·萨伊（Jean Baptiste Say）[①] 认为："不论是谁，只要他凭每年他的牺牲而获得一种特殊的才能，他就享受着一种积累的资本。"萨伊明确指出："教育是资本，它应当产生与劳动的一般报酬没有关系的利息。"

马克思（Karl Marx）也在社会再生产过程中考察了教育的经济功能[②]。他指出："我们把劳动力或劳动能力，理解为人的身体即活的人体中存在的，每当人生产某种使用价值时就运用体力和智力的总和"；"要改变一般的人的本性，使他获得一定劳动的技能和技巧，成为发达和专门的生产力，就要有一定的教育和训练"。马克思认为，劳动者的劳动复杂程度与其受到的教育训练程度形成了正比例关系，并且，要获得较高级的劳动力需要花费比获得普通劳动力更多的劳动时间和更多的教育费用，并且能物化为较高的价值。

阿尔弗雷德·马歇尔（Alfred Marshall）分析了教育、训练与经济之间的关联[③]。他的观点是："一个伟大的工业天才的经济价值，足以抵偿整个城市的教育费用。"他明确提出教育投资是最有效的投资，肯定了人力资本的价值。

"二战"后经济迅猛增长的原因是学者们关注的焦点，在经济增长中教育起到的作用也被广泛关注。人力资本理论对教育为经济所作的贡献作出了详细的阐述。

美国经济学家沃尔什（J. R. Walsh）在1935年就分析了教育程度、教育费用和毕业后的收入之间的关联[④]。他主要是通过计算不同教育程度的收益率来说明接受教育是否值得。沃尔什在对资料进行研究后得出结论：不同级别教育的收益均超过了所花的费用。他的结论论证了教育是值得投资的，符合一般资本的投资原则。他被后人称为西方最早用人力资本概念研究教育经济学的人。

美国著名的经济学家西奥多·舒尔茨（Theodore W. Schultz）是最早详细分析人力资本理论的学者，也是较早地用人力资本投资来解释经济增长的学者。他认为，对人力资源的素质进行培养，比如通过正规学历教育、成人教育、在职培训或者健康及营养的增进来提升人力资源的素质，可以促进国民经济的增长。[⑤] 他还用美国1929—

① 萨伊．政治经济学概论：财富的生产、分配和消费［M］．陈福生，陈振骅，译．北京：商务印书馆，1963.
② 马克思．资本论［M］．北京：人民出版社，2004.
③ 阿尔弗雷德·马歇尔．政治经济学原理［M］．上海：上海商务印刷馆，1983.
④ J. R. Walsh. 人力资本观［J］．经济季刊，1935.
⑤ 西奥多·舒尔茨．论人力资本投资［M］．北京：北京经济学院出版社，1990.

1957 年间经济增长的因素贡献率，测算了教育投资对经济的贡献率是 33%。这个结果说明了教育的重要性。

美国的经济学家加里·贝克尔（Gary Becker）是继舒尔茨之后又一个关注人力资本和教育经济的著名学者。加里·贝克尔特别关注教育和培训的作用，他特别分析了在职培训的方式、支出和收入之间的关联。加里·贝克尔认为："培训会降低现期收益，并提高现期支出，但是，如果它可以大幅度提高未来的收益，或者大幅度降低未来的支出，企业将乐于提供这种培训。"[①] 此外，加里·贝克尔还论证了人力资本投资对就业和收入有重大的影响，并用美国高等教育收益证明了自己的观点。

爱德华·F. 丹尼森（Edward Fulton Denison）通过分析美国经济增长的源泉，指出教育对经济的贡献。和西奥多·舒尔茨不同的是，丹尼森将教育因素归类于人力资本因素中，也不曾将人力资本作为单独的因素来考虑。丹尼森首次运用生产集合函数考察 1929—1957 年美国的经济增长，他认为，劳动力教育水平的提高为该阶段美国的经济增长作出了巨大的贡献，这个贡献度高达 23%。[②] 丹尼森采用的数量分析方法对西方教育经济学分析方法的发展是一种促进。但他在考虑教育对经济增长的作用时，没有考虑新增劳动力如何改变某个特定教育水平的情况。

20 世纪 80 年代以来，对于教育对经济增长的作用及其作用程度的关注达到了一个更高的阶段。和以往的学者不同的是，更多的经济学者认为教育是引起经济增长的内生变量，并在该理念的支持下形成了新经济增长理论。

在现代经济增长理念下，索罗认为，教育是经济增长的内生变量。索罗在著名的"索罗剩余理论"中，用技术进步因素的观点来解释用传统生产要素比如资本和劳动力无法解释的经济增长，实际就是证明了教育对经济增长的贡献。

罗默（Romer）也是支持知识是经济增长的内生变量的著名学者。他根据阿罗的"干中学"模型构建了知识溢出模型，并提出了著名的四要素增长理论，即经济增长的因素是资本、劳动（非技术）、人力资本（用受教育年限来衡量）和新思想（用专利数量来衡量）。罗默提出，知识因为具有产出递增作用，所以能够推动劳动生产率的更快增长，是促进经济长期增长的源泉。

Jula Octavian，Dumitrean Crinuta Nicoleta（2010）研究分析了一个最重要的生产要素（这个要素以前被称为劳动，现在被称为人力资本）。Jula Octavian，Dumitrean Crinuta Nicoleta 认为，人力资本理论中的投资形式可以分为教育投资和在职培训。他

---

① 加里·贝克尔. 人力资本［M］. 北京：机械工业出版社，2016.

② 爱德华·F. 丹尼森. 美国经济增长的因素和我们面临的选择［M］. 纽约，1962.

们提出，人力资本投资将会有高额的投资回报率，也许在投资的短期内无法看到回报，但可以肯定人力资本投资一定会成为经济增长的原因和一大助力。公共和私人的投资都将转化为人力资本投资，无论是哪种情况，结果都将有利于国家的经济发展。所以，不论是政府，还是政策制定者，都应该支持面向教育的投资。

世界银行研究表明，劳动人口平均受教育年限最初三年中每增长一年，国民生产总值增长 9%，之后平均受教育年限每增长一年，国民生产总值增长 4%。

OECD 的研究显示，其成员国的调查说明，个人所受的教育程度和其纳税贡献成正比，且受过高等教育的回报是生均高等教育公共投资的三倍。①

1.2.2 国内学者的相关研究

我国现代著名教育学家古楳曾经提出了一种“经济观”，他提出：“今后中国教育之设施当以经济的标准为衡。”② 后来，古楳继续用经济观点来分析我国教育问题。

古楳是较早提出“教育经济学”名称③的学者。他的《中国教育之经济观》是我国最早研究教育与经济关系的著作。古楳的观点是，教育工作者应该根据教育对经济的作用来决定教育的方法和途径。他着重提出，教育应该和大众的经济承受能力相匹配。从他的观点中可以发现，教育对经济作用重大，且教育应该和经济的发展相协调。

中国的另一位著名教育学家陈友松早在 20 世纪 30 年代时就曾研究过中国的教育财政问题。他对当时中国受教育者的现状、教育经费现状与历史变化、教育经费来源以及中国负担教育的经济能力等问题进行了全面实证性研究，具有重要的理论和实践价值，代表了当时中国教育经济学的最高水准。

改革开放后，国内学者越来越意识到教育的经济价值。张建、戴伯韬、黄风漳等人认为，教育是桥梁，是手段，能使科学技术的潜在生产力变成现实。

厉以宁（1978）曾基于经济史的视角研究教育与经济增长的关系。④ 他的观点是，教育能够培养一国的技术力量。后进国家必须要重视教育、重视人才培养，这样才有可能提高经济增长率，继而在经济上赶超先进国家。1980 年，厉以宁发表《论教育对经济增长的作用》一文，分别考察教育与社会就业、国际收支、收入分配、财政平衡之间的关系，系统分析了教育在保持经济稳定、持续增长中的作用。他说：“一国经

① 摘自《2010 年 OECD 教育概览》。
② 古楳. 现代中国及其教育 [M]. 上海：中华书局，1934—1936.
③ 古楳. 中国教育之经济观 [M]. 上海：民智书局，1934.
④ 厉以宁. 技术教育和资本主义工业化：西欧和美国技术力量形成问题研究 [J]. 社会科学战线，1978 (4).

济增长过程中所遇到的就业问题，主要是结构性就业问题……要发展教育事业和增加对教育事业的支出……教育结构必须同经济增长速度和经济结构的变化相适应”，“对教育的投资是发展知识密集型经济的前提”。同传统观念认为教育投资是消费性投资不同，厉以宁认为教育投资就性质而言是生产性投资：“教育投资同物质生产部门投资一样，其结果都是使国民收入增加……作为一种生产性投资，它的受益者是全社会，会给整个国民经济带来好处”。

千家驹（1980）曾专门研究了中国教育事业经费支出与其他国家的不同。他认为，一国的教育经费支出应该和该国的 GDP、国民收入等成比例发展，中国目前教育经费支出和经济水平没有等比发展，教育支出比例较低，因此应该提高教育支出比例。

全国教育经济学研究会曾采用劳动系数简化法测算过我国教育与经济增长的数量关系，测算结果显示，1952—1978 年的国民收入总增长额中有三分之一是由劳动技术水平变化引起的，并测算出教育的贡献率是 20.9%。[①]

有学者相继用劳动系数法检验教育与经济增长的关系，比如李健尉（1988）和王玉昆（1998）做的测算。经过检验发现，教育对经济增长的贡献率近 25%，而王玉昆对 1982—1990 年的教育贡献率的测算值高达 26.7%。

杨建芳、龚六堂和张庆华（2006）基于一个包含教育和健康的内生增长模型，运用中国 1985—2000 年的数据进行了实证检验。[②] 结果显示，人力资本积累对于经济增长的贡献率为 16.8%，物质资本积累对于经济增长的贡献率高达 58.2%，但这样的结果是因为同期物质资本积累高达 491.9%，同期的教育和健康的增长率只有 99.4% 和 50.2%。这些数据显示了我国的物质资本积累和人力资本积累的失衡。但测算出人力资本存量和技术水平对于经济增长来说意义重大。

夏杰长（2002）测算了我国教育投入增长率和人均 GDP 增长率的比例关系。[③] 他的观点是，由教育形成的智力资本对我国经济增长的贡献很大。他认为，我国目前教育投资不足，其中一个原因是教育投资主体太单一。所以，必须从财政政策的层面对教育投资不足进行调整。

蒋瑞、安德山（2006）通过对江苏省人力资本投资与经济增长数据进行平稳性检

① 全国教育经济学研究会筹《教育经济学概论》编写组．教育经济学概论［M］．西宁：青海人民出版社，1983.

② 杨建芳，龚六堂，张庆华．人力资本形成及其对经济增长的影响——一个包含教育和健康投入的内生增长模型及其检验［J］．管理世界，2006（5）.

③ 夏杰长．中国教育投资对 GDP 增长贡献率的实证分析及其财政政策选择［J］．扬州大学税务学院学报，2002（7）.

验、协整关系检验以及格兰杰因果关系检验，发现江苏省人力资本投资是经济增长的重要原因，而经济增长却没有能够成为人力资本投资增长的重要原因。[①]

包玉香、张晓青、李香（2004）从政府的角度出发分析了人力资本投资。[②] 他们认为由于人力资本形成过程中存在市场失灵、人力资本投资具有正外部性，所以政府要对人力资本投资加以政策引导。且人力资本投资对于实现政府的经济增长、社会发展意义重大。他们提出，应该通过增加教育投资、开展职业培训、提高卫生保健支出、促进劳动力的合理流动来加大政府对人力资本的投资。

马光菊（2005）利用人力资本投资理论对我国的人力资本现状进行了分析。[③] 他认为，我国教育支出的总量偏低、支出结构不合理，物质资本投资和人力资本投资不均衡。他提出，人力资本投资对于促进国家经济发展作用重大，我国应该大力加强对教育、培训、医疗保健的财政支持。

Belton Fleisher，Haizheng Li，Min Qiang Zhao（2007）研究了中国各省的经济及全要素生产率的增长率。他们将中国的区域经济发展模式用一个包含了若干相关因素的函数表示，这几个相关因素是向物质资本、人力资本和基础设施的投资，新技术的创新和区域溢出，以及自 1992 年邓小平南方讲话后向前迈进了一大步的市场经济改革。他们发现，1994 年之前的外商直接投资对全要素生产率增长的影响要远远高于 1994 年之后。他们认为，这种现象的出现是因为在市场化加速的过程中出现了其他的技术转让渠道。他们还认为，人力资本对人均产出和生产率的提升起到了积极的影响，尤其是受过教育的劳动力有很高的边际产出。此外，他们假设人力资本对全要素生产率的增长产生积极的、直接的影响，影响主要是由国内的知识创新带来的。估计结果显示，人力资本对于全要素生产率的增长的溢出效应是积极且统计结果显著的，并且，模型和估计方法均通过了稳健性检验。其溢出效应要比 1994 年之前高出很多。他们进行了成本—收益分析和政策的实践，即预测增加人力资本和物质资本对地区经济不平衡的影响。结论是在中国进行人力资本投资既是减少地区差距的一项有效政策，又是提升经济增长的一个有效手段。

刘小勇（2008）首先对政府人力资本支出进行了界定，他将科教文卫和社保支出都框进了政府人力资本支出的范畴。[④] 他采用面板模型对 1997—2005 年政府人力资本

① 蒋瑞，安德山．江苏省人力资本投资与经济增长关系的实证研究［J］．郑州航空工业管理学院学报，2006（6）．

② 包玉香，张晓青，李香．基于政府视角的人力资本投资分析［J］．中国人口（资源与环境），2004（5）．

③ 马光菊．人力资本投资理论及我国的人力资本现状分析［J］．理论界，2005（11）．

④ 刘小勇．政府人力资本支出与地方经济增长实证分析［J］．山西财经大学学报，2008（3）．

支出与 GDP 的发展进行了计量分析。结果显示，文教卫支出与省际人均 GDP 增长率之间呈现正相关，但科研支出与省际人均 GDP 增长率呈现负相关。

潘燕（2010）通过 C－D 生产函数测算出我国 1979—2007 年的教育投资对我国经济增长的回报率为 0.41。[①]

① 潘燕．人力资本投资对中国经济增长贡献的估算［J］．特区经济，2010（7）．

2 教育财政保障水平的理论基础

2.1 公共产品理论

公共产品理论是美国著名的经济学家保罗·萨缪尔森（Paul Samuelson）提出来的，是公共财政框架中最基本、最核心的概念。公共财政理论认为“公共经济和政府介入应限制在市场失效的范围内”[①]，提供公共产品是政府最主要的活动之一。公共产品理论认为，“教育服务具有公共产品的特征，其公共性体现在效用的不可分割性上。在市场经济条件下，市场在资源配置中发挥了基础性作用，但市场配置有时也有盲目性，存在无法解决或解决不好的公共问题，这就需要政府发挥宏观调控功能，履行政府在教育方面的公共职能，体现其公共性”。[②]

“虽然教育具有公共性，但是教育服务的消费方面又具有竞争性——即对于既定的教育供给，增加一个消费者，会减少其他消费者的消费水平。从排他性这个标准而言，教育服务的直接消费在技术上具有排他性，学校可以通过各种入学条件实施排他，但教育服务的间接消费不具有严格的排他性——教育带来的经济和非经济效益，受教育者本人可以获得，但无法排除他人也可以获得。”[③] 义务教育的公共特性决定了政府必须作为主体，承担起义务教育的公共教育服务职责，将义务教育全面纳入各级政府的财政保障范围。

---

① 刘玲玲．公共财政学［M］．北京：中国发展出版社，2003.

② 刘娟．广州市南沙区公共教育财政支出问题研究［D］．广州：华南理工大学，2014.

③ 刘娟．广州市南沙区公共教育财政支出问题研究［D］．广州：华南理工大学，2014.

2.1.1 义务教育的公共物品属性

"教育根据其经济属性来看，是具有一定的技术上的排他性和消费上的竞争性，同时又具有较大的正外部性的准公共物品。"① 教育层次从幼儿园、小学、初中、高中到大学逐步显现出从低到高不断提升的过程。随着人们受教育程度的不断提升，教育产品的公共性呈现出递减趋势，教育的排他性及竞争性更加明显，外部性则不断减少。这其中，义务教育的正外部性表现最为突出，作为基础教育的义务教育具有以下正外部性：第一，可以增强一国实力，奠定国家人力资源储备基础；第二，可以促进政治民主，使公民具备基本的政策参与能力；第三，基础教育的普及化可以引导公民养成良好公德；第四，可以使家庭成员获得收益，有益于全社会的发展。

义务教育作为纯公共产品，从理论上看是不存在消费上的竞争性的。因此，各个国家的义务教育阶段都要求国家必须提供条件满足义务教育需求。在市场经济条件下，义务教育的财政经费保障是政府免费供给的。在此阶段，每个受教育者都应该享有均等的教育服务，即"义务教育应体现财政资源的均衡配置，这也是实现全社会公民整体素质提升的基础条件"。② 确保义务教育财政的均衡投入，"在受教育者之间平等地分配教育资金，以达到教育需求与供给的相对均衡是政府的基本职责"。③

2.1.2 中等教育的准公共物品属性

按照保罗·萨缪尔森在《公共支出的纯理论》中的定义，"纯粹的公共产品或劳务是这样的产品或劳务，即每个人消费这种物品或劳务不会导致别人对该种产品或劳务的减少。而且公共产品与私人产品有三个显著不同的特征：效用的不可分割性、消费的非竞争性和受益的非排他性。凡是可以由个别消费者所占有和享用，具有排他性的产品就是私人产品，介于二者之间的产品是准公共产品。由于公共产品具有非竞争性和非排他性的特征，从而在公共产品消费中存在着'搭便车'的行为，私人不愿提供公共产品，每个经济人都想不付成本享受公共产品，因此，公共产品一般由政府提供。教育是一种比较重要的公共产品，基础教育有完全的非排他性，属于纯公共物品；中等教育（包括公办和民办）是半义务教育，是准公共物品，中等教育经费主要由政

① 李佳．广西农村义务教育经费保障机制研究［D］．北京：中央民族大学，2013.
② 冯学军．中国义务教育财政投入不均衡问题研究［D］．沈阳：辽宁大学，2013.
③ 冯学军．中国义务教育财政投入不均衡问题研究［D］．沈阳：辽宁大学，2013.

府、学校、社会、私人等多个部门共同提供”。[①]

2.1.3 高等教育的准公共物品属性

“高等教育属于非义务教育，由于受现阶段教育发展水平和国家财政能力限制，高等教育并不是所有社会成员都能消费得起的物品，属于准公共物品范畴。”[②] 作为公共性物品，高等教育具有提高民族文化和道德素质、促进社会进步和经济发展的功能，它的发展关系着一个国家和民族的兴衰。中国作为发展中国家，高等教育资源是很有限的，无法为所有适龄公民提供均等的接受高等教育的机会。由于高等教育具有强烈的竞争性和排他性，高等教育的个人收益越高，其私人属性也就越强。

2.2 教育公平理论

教育公平是指每个公民在受教育机会面前应享有同等待遇。教育公平包含了教育起点、过程及结果的公平。著名教育财政学者本森认为：“充足、效率和公平是评价教育财政体制的三个标准，其中，教育资源配置是否公平是评价教育财政体制的重要标准。”[③] 教育公平要求政府创造公平的教育环境，保证受教育者平等地享受教育资源，而教育财政公平则是实现教育公平的切实保障。

2.2.1 义务教育的公平理论

从制度学角度分析，“义务教育公平是文明社会制度在教育制度上的反映。义务教育公平在制度上体现为所有人平等享受教育的基本权利及义务，并且这一公平关系能够有效地解决教育过程中因不对等产生的冲突。义务教育公平无论在哪一阶段的社会发展中均应遵循平等的公民身份、均衡的区域教育、弹性化的课程设置与和谐发展的个性这四项标准”[④]。从公共财政学角度分析，“义务教育财政公平作为实现教育公平的财政保障，是以义务教育服务均等化为基本的公平标准，是一种在体现教育资源有效分配的进程中关注教育公平效果的过程公平及非均等性公平”。[⑤]

义务教育是教育公平得以实现的基础，也是个人成长的起点。因此，规定一定年

---

① 谢婷．中国中等职业教育经费保障机制研究［D］．云南：云南财经大学，2011．
② 刘娟．广州市南沙区公共教育财政支出问题研究［D］．广州：华南理工大学，2014．
③ 冯学军．中国义务教育财政投入不均衡问题研究［D］．沈阳：辽宁大学，2013．
④ 李佳．广西农村义务教育经费保障机制研究［D］．北京：中央民族大学，2013．
⑤ 李佳．广西农村义务教育经费保障机制研究［D］．北京：中央民族大学，2013．

限的、强制性的义务教育是实现教育公平所必需的，政府一定要承担起相应的责任。为进一步缩小教育差距、均衡发展教育，国家和政府要切实保证义务教育的全面贯彻实施，以教育公平为目标，以均衡发展为手段，将“教育公平”和“均衡发展”相互融合、相互推动，最终目标是达到义务教育均等化的发展要求。

2.2.2 中等教育的公平理论

中等教育在整个教育结构和教育布局中占有重要作用，义务教育阶段的初级中学、非义务教育阶段的高级中学及中等职业教育构成完整的中等教育。公平与效率是政府追求的两大价值目标。公平包括经济公平和社会公平，效率包括经济效益和社会效益。

发展中等教育，尤其是中等职业教育，是“推动经济发展、促进就业、改善民生、解决‘三农’问题的重要途径，是缓解劳动力供求结构矛盾的关键环节”[①]。中等教育是面向人人、面向社会的教育，其重要性不言而喻，因此，中等教育不仅要追求经济公平，更要顾及社会公平。同样，国家对中等教育的投入不仅要考虑经济效益，更要体现公平，而不仅仅只是追求社会效益的最大化。目前，国家对中等教育的投入在不断加大，政府迫切需要对财政经费的投入进行有效、合理的监管，确保经费使用既兼顾经济效益，又兼顾社会效益。

2.2.3 高等教育的公平理论

高等教育公平是实现教育公平的最终目标。高等教育不仅可以选拔人才，而且具有社会分层的功能，是提升身份、确立地位和选择职业的一种有效手段。高等教育公平得以实现之后，社会公正的基础才不会被轻易动摇。高等教育公平主要包括以下几个方面：第一是接受高等教育的权利平等，第二是接受高等教育的机会平等，第三是高等教育结果的公平，第四是高等教育公平的实现需要合适的补偿机制作为保证。

要实现高等教育公平，首先，要通过高等教育资源配置的平衡机制来逐步缩小不同地区教育水平的差异；其次，通过教育决策的集体选择，最大限度地实现各种不同利益需求的整合和平衡；再次，“要把保证教育的公平性和公益性作为教育政策的基础性目标”[②]，建立弱势补偿的政策机制，加强对弱势群体的补偿力度和对教育腐败与教育特权的监督。“在公平、效率、自由等重大的教育政策目标中，教育政策应把公

① 摘自《国家中长期教育改革和发展规划纲要（2010—2020 年）》.

② 周济．期待教育公平的制度保障［EB/OL］．http：//news. xinhuang.

平作为基础性的政策价值目标，承认政府、市场、公民社会之间教育权力博弈的合法性，建立起政府、市场、公民社会之间公共教育权力的制衡机制。”[①] 而要实现这些目标，政府必须通过财政资源的配置来发挥其举足轻重的作用。

由此看来，政府财政职能的有效发挥是促进教育公平、补偿弱势群体、促进高等教育资源平衡配置的有力工具之一。要促进高等教育公平，“缩小高等教育发展的不平衡、资源配置的不均衡状态，保证贫困的优秀学子有享受优质高等教育的机会，对于财政保障而言现实的路径选择是增加高等教育的财政投入，通过法律的形式保证高等教育的投入总量，优化高等教育的支出结构”[②]；以财政转移支付的方式支持不同类型、不同层次高等院校的发展；通过财政贴息、补贴等成本补偿机制保证学生接受高等教育入学机会的公平。

2.3 财政分权理论

分权即权力分立，是指国家的权力应当合理地划分成若干个部分，不能过度集中于国家机构的某个部门或某些人手中。这种分权可以由宪法授予不同的国家机构或部门，由不同的公民执掌不同的权力。

蒂布特（Tiebout）发表的《地方支出的纯理论》是财政分权理论兴起的标志，该理论经历了两个不同的发展阶段，第一个发展阶段以施蒂格勒、蒂布特和奥茨等为代表，研究的关注点是地方政府存在的必要性和政府职能应如何在中央和地方政府间进行分工；第二个发展阶段以 Qian 和 Weigast 为代表，将更多的关注点放在如何设计出一套关于公共政策制定者的激励机制，为地方政府提供激励，进而推动其经济增长和转型。提出财政分权理论的学者站在不同的角度论证了财政分权的合理性，为中央政府和地方政府财政职能的实行奠定了理论基础。

财政分权理论是试图阐述多级政府存在的理由，以不同层级政府的收入来源、支出责任为划分的依据，研究财政权限转移的效率，以及政府之间收入转移的作用等相关问题的理论。[③] 该理论是地方政府有效供给地方公共物品的理论基础，在此理论上形成的中央政府给予地方政府一定的税收权和支出责任范围，是允许地方政府决定其预算支出规模和结构的一种财政体制，即财政分权体制。财政分权体制的核心在于规

① 周济．期待教育公平的制度保障［EB/OL］．http：//news. xinhuang.

② 周伟．促进我国高等教育公平的财政投入对策分析［D］．长沙：湖南大学，2008.

③ 蔡冬冬．中国财政分权体制下地方公共物品供给研究［D］．沈阳：辽宁大学，2007.

定地方政府有一定的财政自主权，可以自由选择所需要的政策类型，积极主动参与到社会治理中，为本地公民提供高效、优质的地方性公共物品。

2.4 成本分担理论

经济学家 D. B. 约翰斯通在《高等教育成本分担：英国、联邦德国、瑞典和美国的学生财政资助》中提出著名的“成本分担理论”，这一理论后来成为高等教育收取学费补偿部分成本的理论基础。该理论认为高等教育是有投资、有收益的，它满足了多个主体的需要，高等教育的受益者主要有纳税人（政府）、学生家长、学生和社会人士（捐赠者），因此，根据“谁受益谁付款”原则，“高等教育成本应由纳税人（政府）、学生家长、学生和社会人士（捐赠者）共同分担”，这就是高等教育成本分担理论所依据的价值基础，其思想基础是高等教育的价值多元化。

从社会角度分析，政府“统一领导和管理全国高等教育事业”①，“高等教育实行以举办者投入为主、受教育者合理分担培养成本、高等学校多种渠道筹措经费的机制”②。因此，政府作为高等教育的主办者，应保证高等学校稳定的办学经费来源；学生及其家长作为受益者，应支付学杂费；除政府和学生外，凡直接或间接受益的大众，也应承担部分责任，因此就有了来自个人或社会的捐赠等。“这一思想指导下的高等教育财政是一种多元财政，学校的办学费用来自多种渠道，对高等教育的成本补偿实行分担，由此形成了大学的收费制度。高等教育的成本大致可分为教学成本、学生的生活成本和学生放弃的成本（即高等教育的机会成本）三大部分。”③ 目前，高等教育成本分担理论已被世界各国政府普遍接受并认同。

综上所述，根据公共物品理论，义务教育属于纯公共物品，财政投入由政府负担；高等教育属于准公共物品，政府、学校、社会和私人等多个部门共同提供经费保障；中等教育也属于准公共物品，是以个人购买、政府补贴的成本分担方式提供教育财政。在教育财政支出中，义务教育投资由政府全部负担，属于各级政府投资的重点所在；高等教育和中等教育的投资“在财政上体现出的是‘三级办学、三级负担’的体制，即中央、省（自治区、直辖市）及一些地级市政府共同承担高校经费，县级政府一般

① 中国法制出版社．中华人民共和国高等教育法［M］．北京：中国法制出版社，2014.

② 中国法制出版社．中华人民共和国高等教育法［M］．北京：中国法制出版社，2014.

③ 牛佳．高等教育消费的理论基础［J］．阴山学刊，2009（1）：112－116.

不作为高校经费的承担主体”。[①] “普通高中实行以财政投入为主，其他渠道筹措经费为辅的机制；中等职业教育实行政府、行业、企业及其社会力量依法筹集经费的机制。高等教育实行以举办者投入为主、受教育者合理分担培养成本、学校设立基金接受社会捐赠等筹措经费的机制。”[②]

根据教育公平理论、财政分权理论和成本分担理论，教育财政保障在促进教育公平方面具有重要意义。《国家教育事业发展“十三五”规划》指出：“各级政府要优化财政支出结构，统筹各项收入。严格按照教育法律法规规定……保证教育财政拨款增长明显高于财政经常性收入增长……提高国家财政性教育经费支出占国内生产总值比例。”[③] 无论是从教育产品的属性还是从教育的公益性来分析，国务院和地方各级人民政府对教育财政投入的保障都是毋庸置疑的，是必须保证的。

广东省虽然是改革开放大省，但由于区域经济发展水平不平衡而导致区域教育服务水平存在较大差异，教育财政支出结构类别不合理、城乡差异大，2014 年全省教育财政支出增速开始低于经常性财政收入增速，教育财政投入与全国先进省市区相比还存在一定差距。目前，广东省义务教育在公平问题上，迫切需要解决由城乡教育失衡、农村留守儿童增多、随迁子女教育带来的财政教育经费转移支付问题；在质量问题上，迫切需要解决师资缺乏、办学条件标准不足、基本建设投入不足等带来的财政投入增长问题。广东省中等教育迫切需要解决如何合理区分中等职业教育投入和高等职业教育投入责任分担比例，以及投入标准的问题。广东省高等教育迫切需要解决不同区域高等教育财政投入和农村高等教育入学财政支持等问题。这些政策层面问题的解决，需要切实保障广东省各级各类教育经费的投入，切实提高各级政府提供教育经费的保障能力和水平。但由于当前广东省教育财政实力的不足和财政分权的不当，导致地方财政投入达不到国家规定的两条基本准则，即每年教育财政投入增长不能低于财政经常性收入增长和教育财政投入要逐年增长的目标。解决上述问题，需要“确保到 2020 年，广东各级财政教育拨款占财政总支出的比例达到 25% 以上”[④]，需要不断提升广东省教育财政保障水平，不断健全广东省教育财政保障稳定增长机制，调整优化财政支出结构，切实通过改善财政教育投入和提升广东省教育发展整体水平，为广东省实现教育现代化作出贡献。

① 刘娟．广州市南沙区公共教育财政支出问题研究［D］．广州：华南理工大学，2013．

② 摘自《国家中长期教育改革和发展规划纲要（2010—2020 年）》．

③ 国家教育事业发展“十三五”规划［EB/OL］．http://bg.yjbys.com/gongzuobaogao/21668.html.2015.0628．

④ 摘自《广东省人民政府关于进一步加大财政教育投入的实施意见》（粤府〔2011〕148 号）．

3 广东省教育财政保障水平的现状与成效

3.1 广东省教育财政保障水平政策与实践现状

3.1.1 广东省教育财政保障水平政策

为完善广东省教育财政保障体系，广东省委、省政府出台了一系列的相关政策，对广东各级各类教育财政从政策上进行规制，最突出的政策规定体现在《珠三角规划纲要》中。该文件明确表明，要优化基础教育结构，合理配置义务教育办学资源，逐步解决常住人口子女平等接受义务教育的问题；由地方财政统筹考虑，逐步实现普及学前到高中阶段教育；以中等职业教育为重点，大力发展职业教育，率先实现农村中等职业教育免费；推进校企合作，建设集约化职业教育培训基地，面向更大区域配置职业技术教育资源，把珠江三角洲地区建设成为我国南方重要的职业技术教育基地；高等教育普及化水平进一步提高，显著提升高校科技创新与服务能力；完善农村义务教育经费保障机制，严把农村教师准入关，建立教师退出机制。广东省近年来发布的教育保障类政策文件见表3－1。

表3－1 广东省教育保障类政策文件

序号	文件名称	备注
1	广东省省属高校经费预算管理暂行办法	粤财教〔2004〕1号
2	关于贯彻落实国务院深化农村义务教育经费保障机制改革的意见	粤府〔2006〕130号
3	关于印发《广东省农村中小学公用经费支出管理实施细则》的通知	粤财教〔2007〕54号
4	广东省发展学前教育三年行动计划（2011—2013年）	粤府办〔2011〕30号

（续上表）

序号	文件名称	备注
5	关于加快我省学前教育发展的实施意见	粤府〔2011〕64号
6	广东省人民政府关于进一步加大财政教育投入的实施意见	粤府〔2011〕148号
7	关于扩大中等职业教育免学费政策范围进一步完善国家助学金制度的实施意见	财教〔2012〕376号
8	关于实施学前教育资助制度的通知	粤教基函〔2012〕63号
9	广东省人民政府关于推进我省教育“创强争先建高地”的意见	粤府〔2013〕17号
10	广东省山区和农村边远地区义务教育学校教师岗位津贴实施方案	粤财教〔2013〕18号
11	关于深入推进义务教育均衡优质标准化发展的意见	粤府办〔2013〕32号
12	广东省财政厅　广东省教育厅关于义务教育学校公用经费支出的管理办法	粤财教〔2014〕83号
13	广东省财政厅　广东省教育厅关于中小学校的预算管理办法（试行）	粤财教〔2014〕83号
14	广东省高等教育“创新强校工程”专项资金管理办法的通知	粤财教〔2014〕130号
15	关于印发《广东省学前教育家庭经济困难儿童资助资金管理办法》的通知	粤财教〔2014〕237号
16	广东省人民政府关于深化教育领域综合改革的实施意见	粤府〔2015〕20号
17	广东省普惠性民办幼儿园认定、扶持和管理办法	粤教基〔2016〕4号
18	广东省人民政府关于进一步完善城乡义务教育经费保障机制的通知	粤府〔2016〕68号
19	关于以协同创新为引领全面提高我省高等教育质量的若干意见	教高〔2016〕4号
20	广东省高等教育“创新强校工程”（2016—2020年）实施方案（试行）	

表3-1所列的政策文件，对广东教育财政保障方面都做了相关的规定，对于不同的教育阶段，广东省政府出台了相关的政策，通过财政手段予以支持，包括学前教育、义务教育、高等教育和中等教育。

《广东省人民政府关于深化教育领域综合改革的实施意见》对全省教育财政做了相关规定，包括加大财政教育投入，完善各级学校生均拨款制度，提高省属本科院校生均定额拨款标准和义务教育公用经费补助标准，积极推进职业教育生均定额拨款；完善非义务教育培养成本分担机制，推进高校收费标准调整工作；扩大学校理财自主权，改革专项资金配置方式，通过“综合考评、综合奖补”方式，安排给各地和学校统筹使用；完善专项资金管理制度，实施中小学校预算管理办法，管好、用好教育资金；完善民办教育公共财政补贴、购买服务和奖励激励制度，对承担政府委托义务教育任务的民办学校，按照接受义务教育学生数量和当地公办义务教育学校的生均财政拨款标准拨付相应经费。

《关于加快我省学前教育发展的实施意见》要求，各地要将学前教育经费纳入当地财政预算，切实加大对学前教育的投入；新增教育经费要向学前教育倾斜，优先考虑和满足当地学前教育发展需要；地方教育附加和教育费附加要安排一定比例用于幼儿园建设；要根据实际制定公办幼儿园生均经费标准和生均财政拨款机制，完善涵盖公办、民办幼儿园的公共教育资源合理分配机制；建立学前教育资助制度，资助家庭经济困难儿童、孤儿和残疾儿童接受普惠性学前教育。《广东省发展学前教育三年行动计划（2011—2013 年）》《关于实施学前教育资助制度的通知》《关于印发〈广东省学前教育家庭经济困难儿童资助资金管理办法〉的通知》等文件也要求，财政部门要结合全省各地市经济发展水平和财力状况，制订资金安排计划，并对粤东、粤西、粤北地区学前教育给予适当倾斜扶持。

《关于深入推进义务教育均衡优质标准化发展的意见》把推进义务教育均衡发展列入经济社会发展规划，要求财政部门要进一步完善义务教育经费投入保障机制和管理制度，安排专项资金用于义务教育均衡发展，确保义务教育经费足额按时拨付；各地要加大教育财政投入，推进中小学布局调整、义务教育阶段规范化学校建设和寄宿制学校生活设施改造；省农村税费改革转移支付要按核定比例用于农村义务教育校舍建设、设备设施购置等发展项目。同时，《广东省人民政府关于贯彻落实国务院进一步加强农村教育工作决定的意见》《广东省教育现代化建设纲要（2004—2020 年）》等一系列政策文件及其实施意见，也对财政保障广东义务教育的均衡发展作出规定。

《关于扩大中等职业教育免学费政策范围进一步完善国家助学金制度的实施意见》从政策层面规定了相关的中等职业教育扶持政策。该政策要求，从 2012 年秋季学期起，对公办中等职业学校（含技工学校，下同）全日制正式学籍一、二、三年级在校生中所有农村（含县镇）学生、城市涉农专业学生和家庭经济困难学生免除学费；从 2012 年秋季学期起，将中等职业学校国家助学金资助对象由全日制正式学籍一、二年级在校农村（含县镇）学生和城市家庭经济困难学生，逐步调整为全日制正式学籍一、二年级在校涉农专业学生和非涉农专业家庭经济困难学生。

《广东省人民政府关于推进我省教育“创强争先建高地”的意见》要求，合理划定省、市、县（市、区）预算内教育经费占财政总支出的比例，各级财政要逐年提高财政一般预算支出中教育拨款的比例。到2020年，各级财政教育拨款占财政总支出的比例要达到25%以上。完善教育成本分担机制和教育税收政策，开拓教育融资新渠道，支持发展校办产业和提供社会服务。《关于以协同创新为引领全面提高我省高等教育质量的若干意见》提出，完善高校生均综合定额拨款动态调整机制，逐步提高本专科生均拨款水平，建立高等教育学费正常调整机制和成本补偿机制，适时调整公办院校收费标准；鼓励支持高校通过项目合作、技术支持、人才支撑和建立基金会等方式有效引入社会资金，优化高校资金支出结构，重点保障教学、科研需要。建立经费使用管理的绩效评价机制；鼓励民办高校加大提高教职工福利的资金投入，改善教师退休保障；对与高校合作建立人才培养培训基地的企业，按照国家规定的相关税收政策予以优惠，对向学校捐赠的设备、物资、资金以及对企事业单位支付给学生的实习实训报酬，按照有关规定在计算企业所得税应纳税所得额时给予税前扣除。《广东省高等教育"创新强校工程"（2016—2020年）实施方案（试行）》对各高校"创新强校"资金来源作出了规定，要求各级财政合理安排高等教育公用经费、生均拨款和高等教育相关专项资金。

3.1.2 广东省各级教育财政保障水平的实践

1. 近年来广东省教育财政保障的实践情况

广东省公共财政教育支出近年来一直处于增长的态势，从2010年的1 033.70亿元，增长到2014年的1 779.50亿元，年均增长17.66%（见图3－1）。公共财政教育支出占公共财政支出的比例稳定在19.30%左右。统计数据显示，2014年广东省公共财政教育支出为1 779.50亿元，占全年全省公共财政支出的19.44%（见表3－2），在31个省、市、自治区（不含港澳台）中排名第一。

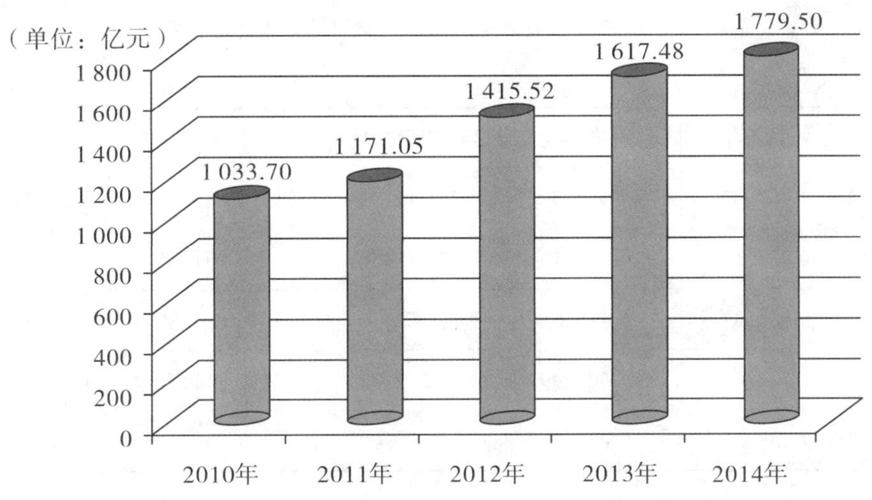

图 3－1　广东省公共财政教育支出情况（2010—2014 年）

表 3－2　广东省公共财政教育支出及所占比例（2010—2014 年）

年份	公共财政教育支出（亿元）	公共财政教育支出占公共财政支出的比例（%）
2010	1 033. 70	19. 07
2011	1 171. 05	19. 79
2012	1 415. 52	19. 16
2013	1 617. 48	19. 23
2014	1 779. 50	19. 44

从各级教育生均公共财政预算教育事业费上看，广东省 2010—2014 年普通小学、普通初中、普通高中、中等职业学校、普通高校的生均公共财政预算教育事业费整体呈现上升的趋势（见表 3－3）。但从全国生均公共财政预算教育事业费平均水平而言，广东省仍处在较低的水平，除普通小学在 2014 年首次超过全国平均水平（达到 7 738. 55 元）外，普通初中、普通高中、中等职业学校和普通高校仍低于全国平均水平，不少指标排名靠后（见图 3－2）。

表 3-3　广东省各级教育生均公共财政预算教育事业费情况

（单位：元）

年份	普通小学	普通初中	普通高中	中等职业学校	普通高校
2010	3 487.02	3 920.97	5 312.93	4 815.30	11 200.22
2011	4 731.13	4 907.10	6 418.50	5 081.85	11 837.00
2012	5 681.33	6 116.61	7 253.20	5 886.86	13 225.21
2013	6 742.84	7 508.99	8 027.72	7 111.91	14 186.45
2014	7 738.55	9 264.05	8 979.99	7 996.61	14 361.68

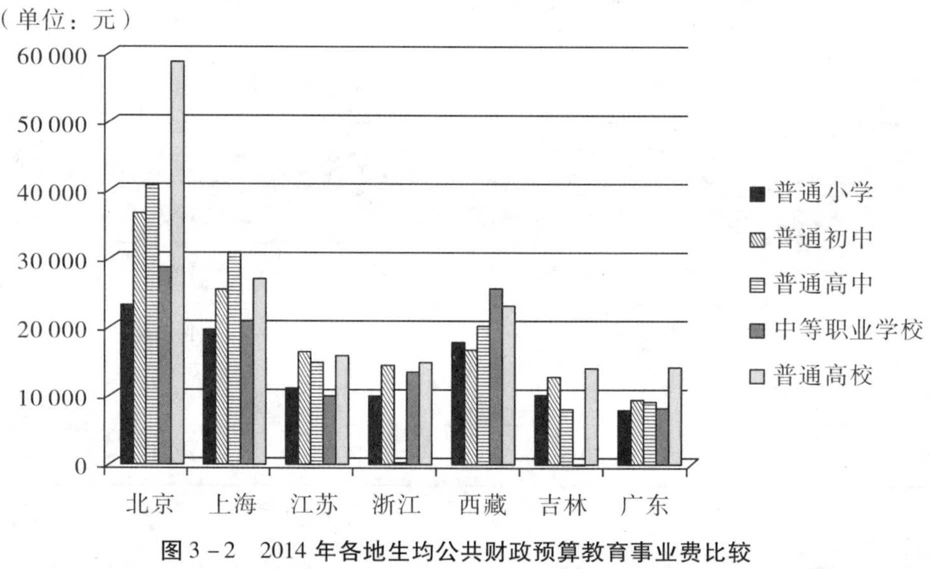

图 3-2　2014 年各地生均公共财政预算教育事业费比较

从图 3-2 可以看出，广东省生均公共财政预算教育事业费同北京、上海、浙江、江苏等经济发达地区相比，存在着明显的差距；而与经济落后的地区相比，排名也落后于吉林、西藏。

在生均公共财政预算公用经费方面，广东省 2010—2014 年增长很快（见表 3-4）。但广东省生均公共财政预算公用经费水平均低于全国平均水平，其中，广东省 2014 年普通小学的生均公共财政预算公用经费仅为 1 851.39 元，在全国排名倒数第 9。

表 3－4 广东省各级教育生均公共财政预算公用经费情况

（单位：元）

年份	普通小学	普通初中	普通高中	中等职业学校	普通高校
2010	735.85	974.19	1 508.96	1 975.10	5 864.76
2011	974.28	1 175.52	1 833.83	2 072.85	5 418.52
2012	1 264.24	1 638.59	1 915.62	2 320.70	5 231.33
2013	1 481.56	1 866.58	2 050.91	2 773.78	6 045.81
2014	1 851.39	2 382.21	2 252.67	3 175.01	5 546.02

2. 近年来广东省义务教育财政保障的实践情况

广东省高度重视发展教育事业，通过积极实施义务教育均衡发展工程、职业教育发展壮大工程、高等教育发展水平提升工程和高素质教师队伍建设工程，大幅度增加对义务教育、高等教育、职业教育等方面的投入。2009—2012 年，广东省财政在教育领域的投入共 4 419 亿元，在全省财政预算支出中的比重从 18.5% 提高到 20.1%，比重逐年增高。2014 年 7 月，提高了城乡义务教育生均公共财政预算公用经费补助标准，普通小学提高至 950 元，普通初中已提高至 1 550 元。从 2014 年 9 月起，省属普通本科学校生均综合定额提高到 9 100 元。山区和农村边远地区义务教育学校教师岗位津贴省补助提高到人均 700 元/月的新标准。城乡义务教育经费保障机制、各级学校生均拨款制度不断完善，职业教育经费保障机制、教师培训教育保障机制建设取得较大进展。

首先，从绝对规模上来看，虽然广东省义务教育财政支出规模在全国一直保持领先地位，总量从 1997 年的 87.615 亿元增长到 2011 年的 698.039 亿元，增长了将近 7 倍，但是，从 2003 年开始，其增长速度逐渐落后于全国平均水平并且差距不断拉大。

从相对规模上来看，1997—2011 年广东省义务教育财政支出占 GDP 的比重总体上呈缓慢增长的态势，但是一直低于全国平均水平，且近几年差距在不断扩大。在义务教育财政支出占 GDP 的比重增长幅度方面，广东省也低于全国平均水平。在全国义务教育财政支出占 GDP 的比重呈现逐年缓慢上升的趋势下，广东省义务教育财政支出占 GDP 的比重近年却呈现不断下降的趋势。

从增长速度来看，1997—2011 年的统计中，广东省义务教育财政支出对 GDP 的弹性系数只有 7 年是大于 1 的。2007—2010 年义务教育财政支出对 GDP 的弹性系数一直处于1以下，到2011年才勉强达到1.03的水平。这说明广东省近几年义务教育财政支出增长速度慢于GDP的增长速度。从横向比较来看，虽然广东省教育财政支出在不断增长，但与国内其他省份的教育财政支出水平存在一定的差距。

其次，从义务教育财政支出结构上来看，2012年的统计数据显示，广东省各层次教育生均预算拨款数量在全国排名都较落后。其中，普通小学全国平均水平为6 128.99元，广东省只有5 681.33元，名列全国第20位。普通初中全国平均水平为8 137元，广东省只有6 116元，名列全国第29位。普通高中的生均预算拨款在全国排名第20位。广东省生均预算拨款与北京相比，更是相形见绌，比如普通小学生均预算拨款，北京是2.04万元，为广东的3.6倍，而普通初中生均预算拨款更是达到4.7倍之多。广东省2012年普通小学和普通初中的生均义务教育财政支出低于全国平均水平，三级教育生均义务教育财政支出比例与全国平均水平相比差距较大。

从城乡的义务教育支出结构来看，虽然各级生均义务教育财政支出是逐年递增的，但城乡之间非常不均衡。就高中情况来看，城镇高中生均义务教育财政支出水平接近全省普通高中生均水平，明显高于农村高中生均水平；农村高中生均水平低于全省普通高中生均水平，而且差距在不断拉大。就初中情况来看，城镇初中生均义务教育财政支出和农村生均义务教育财政支出有很大差距，城镇初中生均义务教育财政支出几乎是农村的两倍，且明显高于全省普通初中生均水平；农村初中生均水平低于全省初中生均水平，且差距在逐年扩大。就小学情况来看，城镇普通小学生均义务教育财政支出水平是农村普通小学生均义务教育财政支出水平的1.7倍左右，高于全省普通小学生均水平；农村普通小学生均水平低于全省普通小学生均水平，且差距在不断扩大。

从区域之间的义务教育财政支出结构看，在普通初中方面，东翼、西翼和山区初中义务教育普及水平较高，珠三角地区普及水平较低，初中义务教育在各区域没有均衡发展。在普通高中入学率方面，珠三角地区明显高于其他三个经济区，东翼和山区明显落后。根据《广东省中长期教育改革和发展规划纲要（2010—2020）》，到2012年，全省普及小学到高中阶段12年教育，珠三角发达地区市域、其他地区县域初步实现义务教育均衡发展，高中阶段教育毛入学率超过85%；到2015年，全省普及学前到高中阶段15年教育，各县（市、区）高中阶段教育毛入学率均达到85%以上。通过分析可以看出，广东初中阶段教育入学率还需进一步提升，东翼和山区高中阶段教育入学率还未达到目标，需要加强义务教育财政支出力度。

最后，广东省义务教育财政支出的绝对规模近年来增长迅速，平均保持在16%以上。而义务教育财政支出的相对支出规模略显不足，其占 GDP 的比重以及比重的增长速度均低于全国水平，且差距在不断扩大。我国 1993 年提出了教育财政支出要达到 GDP 4% 的目标，而 2012 年广东省教育财政支出只占 GDP 的 2.57%，距国家要求相去甚远。在教育经费目标上，广东省提出到 2020 年实现教育经费占财政总支出的 25%，2012 年广东省实现教育经费占财政支出的 20.4%，虽然离目标还有差距，但是高于全国平均水平 18.12%。广东省义务教育财政支出占 GDP 的比重方面也高于全国平均水平，但是义务教育支出所占比例在逐年下降且慢于 GDP 的增长速度，未能达到“三个增长”的要求。在普通小学、初中、高中三级教育支出结构方面，小学和初中的生均义务教育财政支出水平低于全国平均水平，高中的生均义务教育财政支出水平略高于全国平均水平，三级生均义务教育财政支出比例与全国平均水平相比差距较大。在城乡义务教育支出结构方面，农村义务教育财政支出明显落后，且差距明显，城乡义务教育发展水平不均衡。在各区域义务教育财政支出结构方面，珠三角地区因经济发达、流动人口较多而影响了初中阶段教育毛入学率，东翼和山区高中阶段教育毛入学率未达到广东省中长期教育发展的目标，各区域义务教育均衡水平有待提高。

就高等教育而言，广东省虽然是经济大省，但广东省仅有两所“985 工程”院校和 4 所“211 工程”院校，所占比重仅有 4% 左右，与广东省的经济地位极其不相称。到 2014 年为止，广东省省属普通本科学校生均综合定额才达到 9 100 元，与全国高等院校生均拨款 12 000 元左右的水平相差 24% 左右。

从总体上来看，2009—2012 年，广东省教育支出占 GDP 的比重基本保持不变，在 2% 左右徘徊，教育支出未达到国家要求的在 2012 年达到 4% 的比重，也与《广东省中长期教育改革和发展规划纲要（2010—2020）》和《广东省基本公共服务均等化规划纲要（2009—2020 年）》的要求有一定差距。而作为我国较发达省份，其教育支出占 GDP 比重与经合组织其他国家教育支出占各国 GDP 比重的 5% 的比例相比仍有差距，而与联合国教科文组织呼吁的世界各国在 2000 年实现教育支出占 GDP 比重的 6% 相比，差距更大。

3. 近年来广东省非义务教育财政保障的实践情况

非义务教育培养成本包括幼儿教育、高中教育、职业教育、高等教育和成人教育等的培养成本。非义务教育培养成本如何在家庭、社会、政府与学校之间进行分配，目前并没有统一的标准。随着我国经济发展和生活成本的提高，非义务教育培养成本也呈动态上升趋势。根据广东省普通高校学费收费标准，高校一般专业为 4 000 ~ 6 000 元，艺术类专业为 6 000 ~ 10 000 元，加上住宿费、伙食费、日常生活费用等其他费用，实际上广东省高等教育阶段每户家庭年均教育培养成本取值范围为 15 000 ~ 20 000 元。高中教育阶段，根据广东省普通高中学费收费标准，普通高中为 1 500 ~ 2 800 元，加上住宿费、伙食费、日常生活费用等其他费用，广东省高中教育阶段每户家庭年均教育培养成本为 7 500 ~ 9 000 元。职业中学教育阶段，根据广东省职业中学学费收费标准，职业中学为 1 700 ~ 3 500 元，加上住宿费、伙食费、日常生活费用等其他费用，实际上广东省职业中学阶段每户家庭年均教育培养成本为 7 700 ~ 9 500 元。结合我国城镇居民收入状况，2013 年我国城镇居民全年人均纯收入 26 955 元，农村居民全年人均纯收入 8 896 元；广东省城镇居民全年人均纯收入 33 090. 05 元，农村居民全年人均纯收入 11 669. 31 元。通过比较可以看出，非义务教育阶段教育培养成本几乎占普通城镇居民全年人均纯收入的 15% ~25%；占普通农村居民全年人均纯收入的 40% ~55%。上述比例还不包括择校费，广东省高中教育阶段的择校费通常为 20 000 ~ 40 000 元，如果算上这项费用，则广东省非义务教育阶段培养成本占城乡居民全年人均纯收入的比例将大大上升。因为非义务教育阶段培养成本的分担关系到城乡居民的生活幸福指数，所以，需要进一步探讨科学合理的非义务教育阶段培养成本分担机制。

3. 1. 3　广东省现有的各项教育财政保障政策与《规划纲要》比较分析

《广东省中长期教育改革和发展规划纲要（2010—2020）》（简称《规划纲要》）要求：①财政资金优先保障教育投入；②健全以财政拨款为主、多渠道筹措经费的教育投入体制机制；③坚持公益性，各级财政合理投入，多渠道筹措经费，多形式举办学前教育；④健全公共财政对民办教育的扶持政策，县级以上政府要设立民办教育发展专项资金，支持办学规范的民办学校实验室、信息化、师资培训等重点项目建设，对在发展民办教育中作出突出贡献的举办者和学校给予奖励和表彰；⑤各级财政加大特殊教育经费投入，加快特殊教育发展。

广东省现有的各项教育财政保障政策同《规划纲要》的要求相比，广东省在各级教育财政保障方面注重经费保障机制的落实，采取了一系列的政策措施，包括：

（1）学前教育方面，广东省发改委、财政厅、教育厅等部门要求各地政府将学前教育列入财政预算，加大财政投入力度。省财政统筹中央和省级学前教育专项经费等奖补资金，加大对普惠性民办幼儿园的奖补力度。中央和省级财政支持普惠性民办幼儿园发展的资金，根据各地普惠性民办幼儿园的数量和扶持、管理工作情况进行分配。

（2）义务教育方面，2013—2015 年，广东省已连续三年大幅提高城乡义务教育公用经费补助标准。对特殊教育学校智力残疾、孤独症、脑瘫及多重残疾学生，按不低于普通学生生均公用经费补助标准的10倍拨付经费；对特殊教育学校盲聋哑学生，按不低于普通学生生均公用经费补助标准的8倍拨付经费；对普通学校、儿童福利机构、残疾人托养机构附设特教班学生，按不低于普通学生生均公用经费补助标准的5倍且每生每年不低于6 000元的标准拨付经费；对随班就读、送教上门学生，按每生每年不低于6 000元的标准拨付经费。

（3）高中阶段教育和中等职业教育方面，从2014年起，广东省提前实现普及高中阶段教育，2014年高中阶段教育毛入学率达到了95.90%，广深珠佛等地开始实行“十二年免费教育”，整个广东省高中阶段教育也逐步推行免费政策。同时，实施高中阶段残疾学生免学杂费、课本费政策。中等职业学校和普通高中国家助学金标准从每生每年1 500元提高到2 000元，市县属中等职业学校免学费补助标准从每生每年2 500元提高到3 000元。

（4）高等教育方面，从2014年起，广东省提高了高等教育的生均拨款标准，本科生从9 100元提高到10 000元；硕士研究生从12 900元提高到13 690元；博士研究生从17 200元提高到18 200元。此外，广东省财政还将设立研究生国家助学金和学业奖学金，除了给普通高校研究性研究生发放固定的工资外，还为其提供生活补贴，博士生每人每年10 000元，硕士生每人每年6 000元。

同《规划纲要》提出的保障机制要求相比，广东现有的教育财政保障政策还存在一些不足，例如义务教育阶段要求“教师工资等项目的补助标准、分担比例、拨款方式、资金管理统一政策”还有待精细化、精准化的实施；义务教育经费总量较大，但生均经费在全国垫底；异地务工人员随迁子女义务教育财政保障力度仍需加强；高中阶段教育优质资源协调发展还需进一步加强；教育公平问题等。

3.2　广东省教育财政保障的成效

3.2.1　教育“创强争先建高地”稳步推进

“十二五”期间，广东省全面深化教育改革，教育规模持续扩大，成为名副其实的教育大省和全国教育改革综合试验区，并向教育强省的目标奋力迈进。2007年，全省有普通高校109所，在校学生117.3万人；普通中学4 316所，在校学生655.3万人；普通小学19 891所，在校学生1 017.6万人；幼儿园10 594所。到2014年，普通高校增加到141所，在校学生188.1万人，较2007年分别增加32所和70.8万人；普通中学增加到4 399所，在校学生数下降至590.8万人；普通小学10 731所，在校学生831.9万人，较2007年减少185.7万人（见图3-3与图3-4）。截至2014年，全省普通高校、普通高中、普通初中、普通小学和幼儿园的专任教师数已分别达到9.52万人、14.84万人、27.85万人、38.75万人和18.82万人（见图3-5）。

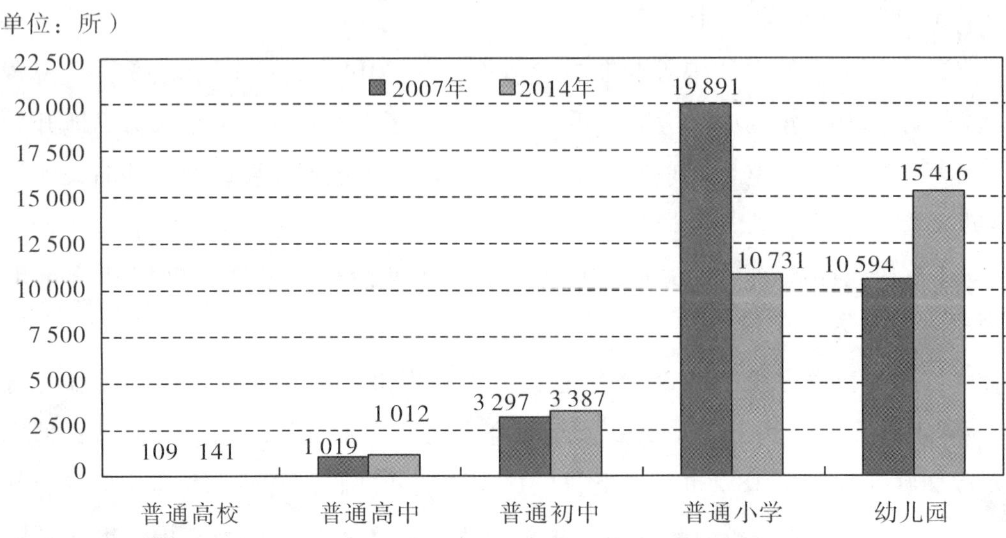

图3-3　2007年和2014年广东省各级教育学校数

数据来源：Wind资讯。

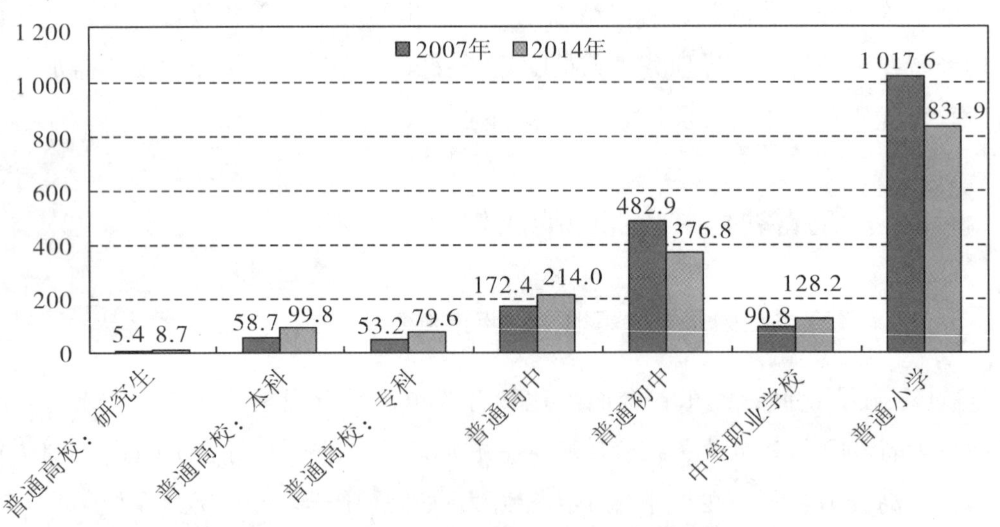

图3-4　2007年和2014年广东省各级教育在校生数

数据来源：Wind资讯。

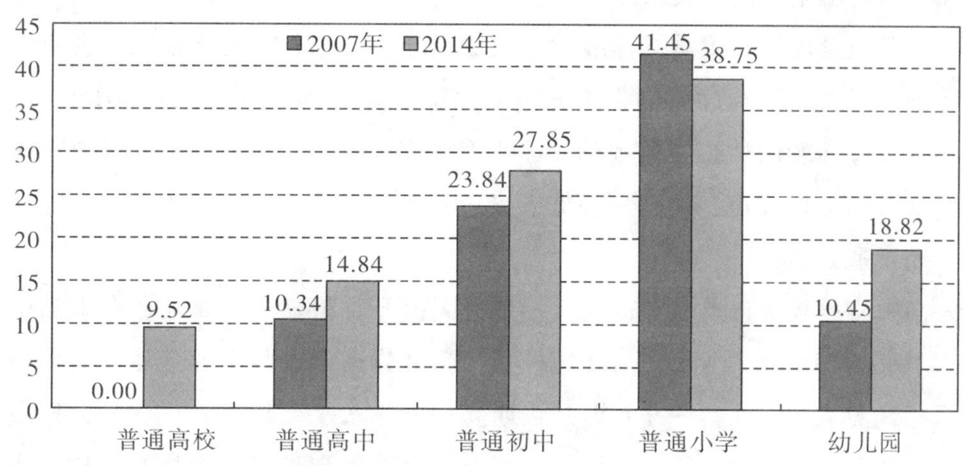

图 3－5　2007 年和 2014 年广东省各级教育专任教师数

数据来源：Wind 资讯。

根据《国家中长期教育改革和发展规划纲要（2010—2020 年）》的要求，2010—2015 年间，广东确定以“创强争先建高地”为总揽，以 13 个重大工程项目建设为载体，地方教育经费总投入由 1 532.7 亿元增加至 2 728.7 亿元，年均增长 12%，教育“创强争先建高地”稳步推进，成效显著。至 2014 年底，全省有教育强镇（乡、街道）1 262 个，覆盖率 80%，环比提高 18 百分点；教育强县（市、区）85 个，覆盖率 63.4%；教育强市 12 个，覆盖率 57.1%，提高 9.4 百分点。已有推进教育现代化先进区 25 个，推进教育现代化先进市 3 个。

3.2.2　各级各类教育全面协调发展

学前教育行动计划进展有序。2011 年，广东实施第一期学前教育三年行动计划，通过加大对全省学前教育资源的投入、加强学前教师队伍的建设，有效缓解了“入园难”“入园贵”的局面。截至 2014 年底，全省共开办幼儿园 15 416 所，省规范化幼儿园比例达到了 60% 以上。学前教育毛入园率达到 95.67%，比 2010 年提高 13.1 百分点；幼儿园教职工数达 38.8 万人，与 2010 年相比增幅达到 60% 以上。为进一步实现“上好园”的总体目标，2015 年全省正式启动第二期学前教育三年行动计划，重点举措包括提升公办幼儿园与普惠性民办幼儿园的覆盖率；逐步提高财政对学前教育的投入比重；加强对幼儿园师资的待遇保障，完善学前教育管理体制和办园体制；提高幼儿园教师、卫生保健人员的专业素质和实践能力，提升办园水平等。①

义务教育均衡、优质、标准化发展成果显著。“十二五”期间全省重点推进义务教育均衡发展，将教育“创强争先建高地”工作落到实处。截至2015年底，全省公办义务教育标准化学校覆盖率达90%以上，57个县（市、区）达到国家规定的义务教育发展均衡县（市、区）评估标准，120个县（市、区）义务教育校际均衡系数的综合差异系数达标。②

高中阶段教育普及水平得到进一步巩固提升。2007—2014年，全省高中阶段教育毛入学率由61%提升至96%，增幅达到35百分点，提前实现全面普及高中阶段教育的目标（见表3-5）。一方面提升普通高中办学水平，促进其优质内涵发展；另一方面改造薄弱高中，提升其办学质量。高中阶段教育初步实现规模、结构、质量、效益协调发展，广深珠佛等地提前试行“十二年免费教育”。③

表3-5　2007—2014年广东省各级教育入（升）学情况

相关指标	2007	2008	2009	2010	2011	2012	2013	2014
高等教育毛入学率（%）	24.0	25.6	27.0	27.5	28.0	28.0	28.2	31.9
高中阶段教育毛入学率（%）	61.0	65.9	72.0	79.9	86.2	90.3	95.0	96.0
小学毕业生升学率（%）	97.3	96.7	96.6	95.7	95.5	95.1	93.5	94.9
学龄儿童入学率（%）	99.7	99.8	99.7	99.9	100.0	100.0	99.9	100.0
每万人口普通高校在校生数（人）	120.3	128.7	139.8	148.0	146.3	153.9	161.4	167.3

数据来源：《广东统计年鉴2015》。

现代职业技术教育体系不断完善。“十二五”期间，广东省已建成全国最大规模的现代职业技术教育体系，在教育教学改革、内涵建设、人才培养质量方面居于领先地位。中等职业教育零学费入学、零距离上岗的人才模式改革成为全国先进典型。现代职业技术教育体系基本框架初步建立，现代职业教育综合改革试点省创建工作再提速。

① 全省学前教育毛入园率已达95.67%［EB/OL］. http：//news.sina.com.cn/c/2015-05-21/055931857831.shtml.

② 黄日暖．大体量达“国标”：广东义务教育均衡发展效果显著［J］．广东教育（综合），2015（12）：8-12.

③ 广东基本普及学前到高中阶段15年教育［EB/OL］. http：//gd.people.com.cn/n/2015/1019/c123932-26843434.html.

普通高校“四重”建设初见成效，“高等教育创新强校工程”支持力度空前。至2014年底，广东省共有普通高校141所（含独立学院），位居全国第三，其中本科高校62所、高职高专院校79所。研究生在校生8.7万人，位居全国第八。普通本专科招生54.5万人，在校生179.4万人，均位居全国第二。成人本专科在校生62.7万人。高等教育毛入学率31.9%。重点学科方面，广东省高校有36个学科领域进入ESI国际排名前1%的行列；重点人才队伍建设方面，实施“高校人才引进工程”“强师工程”以及“珠江学者岗位计划”等，形成拔尖创新人才培养体系。2015年起，省财政三年内专门安排50亿元资金支持高水平大学建设，省市两级五年内投入80亿元共建高水平理工科大学；深圳、珠海等地大力引进全国乃至世界名校，共同推动省内高校的综合实力、区域竞争力和国际影响力跃上新台阶。

加强特殊教育和民族教育，促进民办教育规范、特色发展。2014年，广东省有特殊教育学校104所，特殊教育在校生2.8万余人，教职工3 695人，专任教师3 009人；校园占地面积89.24万平方米，生均占地面积约31.87平方米；学校建筑面积49.89万平方米，生均建筑面积约17.82平方米。全省民族地区共有义务教育学校88所，其中小学58所、初中30所。在校生51 446人，其中小学在校生35 582人、初中在校生15 864人。小学教职工3 149人，其中小学专任教师2 988人，小学师生比1∶11.3；初中教职工2 339人，其中初中专任教师2 096人，初中师生比1∶7.6。小学校园占地面积181.43万平方米，生均占地面积50.96平方米，初中校园占地面积130.48万平方米，生均占地面积82.06平方米；小学校舍面积57.37万平方米，生均校舍面积16.12平方米，初中校舍面积42.44万平方米，生均校舍面积26.69平方米。全省有各级各类民办学校（含幼儿园，不含培训机构）12 903所，民办学校在校生约583万人。其中民办高校52所，占全省高校数量的36.9%，在校生58万人。①

3.2.3　教育公平程度显著提高

“十二五”期间，广东省将实现教育资源在地区间、城乡间及群体间的公平分配作为十大民生实事工作重点，积极推进基本教育服务均等化，全省教育公平程度显著提高。

补齐乡村欠发达地区义务教育“短板”，推进粤东西北地区教育“创强”。2014年粤东西北地区教育“创强”成果丰硕。粤东4市教育强镇（乡、街道）、强县（市、区）覆盖率分别达44%、15%，提高35百分点和15百分点；粤西3市这一指标分别

① 数据来源：《广东统计年鉴2015》。

为63%、24%，提高41百分点和10百分点；粤北5市这一指标则分别达到86%、70%，提高17百分点和21百分点。

提升农村教师队伍建设，促进城乡教育协调发展。第一，全省各地基本实现中小学教师工资福利待遇“两相当”，经济欠发达地区教师工资水平增幅明显，提升至4 600元/月（2014年数据）。第二，全面实施山区和农村边远地区义务教育学校教师岗位津贴制度。2014年，全省共71个县33万多名山区和农村教师享受人均标准达720元/月的津贴。第三，大力开展多项省级示范培养培训，建立地区之间、学校之间的对口帮扶关系；多个地市探索教师“县管校用”机制，骨干教师“一盘棋”流动，实现名师资源校际共享。①

逐年加大财政支持力度，保障教育底线公平。2012年，全省统一了城乡免费义务教育公用经费补助标准、分担比例和拨付方式，补助标准呈逐年提高态势，并于2013年起将全省义务教育阶段学生全部纳入省补助范围。2014年，提高城乡免费义务教育生均公用经费补助标准，普通小学提高到950元，普通初中提高到1 550元。中等职业学校和普通高中国家助学金标准每生每年1 500元，市县属中等职业学校免学费、补助标准每生每年2 500元，农村义务教育阶段学生营养改善计划省级试点补助每生每年600元。

多管齐下应对随迁子女平等受教育问题。陆续推出公办学位“扩容提质”，随迁子女积分入学，“一市一策”，向民办学校购买学位，随迁子女可异地参加中考、高考等政策，让更多的非本地户籍学生平等接受教育。2013年底，全省52.4%的非本地户籍学生已经入读义务教育阶段公办学校，人数达到208万；高中阶段教育招收的随迁子女已增至10.6万人，于2016年成为广东省放开异地高考的首批受惠者，其中外省户籍学生占比近40%。2014年，首次允许外省户籍的随迁子女在广东省报名参加高职院校招生考试，全省共有767名符合条件的随迁子女在广东省首尝异地高考，与本地户籍学生在广东省实现同等报考、同等录取。逐步推进随迁子女免费义务教育。2006年以来，广东省逐步将符合条件的随迁子女列入免费义务教育范围，省财政于2009—2014年间先后投入30多亿元，支持接收非本地户籍学生较多的义务教育阶段学校补充教育经费，改善办学条件，为非本地户籍学生平等接受义务教育奠定基础保障。②

3.2.4 师资队伍整体水平明显提升

“十二五”期间，广东省委、省政府高度重视教师队伍建设，制订出台《广东省

① 赵琦玉. 33.6万山区农村教师享受岗位津贴［N］. 南方日报，2015－05－28.

② 广东超过半数公办学位提供给外来工子女读书［EB/OL］. http：//edu. qq. com/a/20140916/032706. html.

"强师工程"实施方案（2016—2020年）》。自2012年起，省财政每年安排5亿元专项资金全面支持实施"强师工程"，全省教师队伍规模、结构、素质协调发展，教师队伍整体水平明显提升。①

教师数量规模平稳增加。2014年底，全省各级各类学校教职工158.9万人，其中专任教师126.2万人，比2010年底增长13.8%。

中小学生师比明显下降。2014年广东各阶段教育生师比相对2010年均有不同程度的下降，降幅最大的为中学阶段，从18.8∶1降至13.5∶1，降幅最小的小学阶段生师比也从19.7∶1降至18.3∶1，而普通高校在学校规模持续扩大的情况下，生师比相对稳定。

教师队伍结构逐步优化。农村中小学合格教师得到有效补充，"十二五"期间新增教师2.5万人（紧缺学科教师占20%以上），城乡教师水平差距不断缩小。与2010年相比，2014年农村小学教师具有大专以上学历的比例占89.6%，增幅约为15百分点；欠发达地区农村初中教师具有中、高级职称的比例从44.12%提高到60.3%；中等职业学校专业课教师中"双师型"教师比例从35.3%提高到53.57%；高职院校"双师型"教师比例从37.3%提高到52.92%。

专任教师学历水平明显提升（见表3－6）。2014年，幼儿园专任教师中拥有大专以上学历人数占比60.52%，较2010年增加近14百分点；初中专任教师中拥有本科以上学历人数占比77.15%，较2010年增加逾16百分点；本科院校拥有博士学位的专任教师占比31.40%，较2010年翻一番。

表3－6　广东省各级教育专任教师学历水平比例情况

（单位:%）

教育级次	学历水平	2010年	2014年
幼儿园	大专以上学历	46.57	60.52
小学	大专以上学历	83.51	93.33
	本科以上学历	23.29	39.67

① 实施"强师工程"系列之一："十二五"广东师资队伍建设成效显著［EB/OL］. http://www.gdhed.edu.cn/business/htmlfiles/gdjyt/xwfb/201509/491824.html.

（续上表）

教育级次	学历水平	2010 年	2014 年
初中	本科以上学历	60.87	77.15
高中	研究生学历	5.14	7.40
中职	研究生学历	5.77	7.58
高职院校	硕士以上学位	43.60	50.50
本科院校	博士学位	15.20	31.40

数据来源：广东省教育厅网站。

高校高层次人才队伍建设逐渐完善。2010 年以来，全省新设立高校珠江学者岗位 154 个，新增珠江学者 111 人；遴选“千百十人才工程”培养对象 4 484 人。截至 2014 年底，我省高校“973 项目”首席科学家 36 人；国家杰出青年基金资助 122 人；教育部长江学者 106 人。

3.2.5　高等教育合作办学进程加快

近年来，广东省委、省政府多次进行工作部署，调整、优化高等教育学科专业结构和人才培养资源，提高教学质量，提升高校科研创新能力和国际化水平；积极推动粤港澳和中外合作办学，引进境外优质教育资源，加强教育国际交流与合作。自 2014 年以来，广东省与国内外知名高校合作办学呈现加速态势，深圳、珠海、汕头等地合作办学氛围日益浓厚。

2011 年，深圳市政府与香港中文大学签署框架协议，创办香港中文大学（深圳），并于 2014 年 9 月首批招生 300 余名；2013 年 1 月，天津大学和美国佐治亚理工学院与深圳达成合作办学协议，筹建“天津大学与佐治亚理工深圳合作研究院”，双方合作开办的电子与计算机工程硕士学位教育项目落户深圳虚拟大学园区。2013 年 9 月，在李嘉诚基金会的推动下，以色列理工学院与汕头大学合作创建广东以色列理工学院。学院筹建工作得到省、市的全力支持，获两级政府拨款 9 亿元和 623.45 亩土地，并于 2015 年 12 月正式动工。2014 年 1 月，深圳大学与俄罗斯国际四大美术学院之一的列宾美术学院签署合作协议，首批招生 28 名。2014 年 8 月深圳市政府与吉林大学、澳大利亚昆士兰大学签署了合作备忘录，决定举办深圳吉大昆士兰大学（暂定名）。同年 9 月举行签字仪式的还有北京理工大学与莫斯科国立罗蒙诺索夫大学合作举办的深圳北理莫斯科大学，以及深圳市政府、清华大学与伯克利加州大学共同创建的清华—伯克利深圳学院。2015 年 7 月，中山大学与珠海市签署新型战略合作协议，在珠海校区筹建 20 个整建制学院，聚焦服务南海战略和国家“一带一路”倡议，珠海市五年内将投入 20 亿元，以支持珠海校区建设。①

3.2.6 教育信息化水平再上新台阶

依托信息化，扩大优质教育资源的覆盖面。针对农村学校不能上网、上不起网的问题，广东省教育厅实施“教育资源下乡行动计划”，开展“以信息化促进义务教育均衡发展实验区”建设，充分发挥优质教育资源利用率。2014 年，广东省基本完成教育部“教学点数字教育资源全覆盖”项目实施，10 169 所学校接入教育视频网，全省中小学宽带接入率达 96%，系统平台有视频资源 2 600 多个，覆盖小学四年级到高三各年级各学科。多媒体平台进班级覆盖率达 70%。②

利用信息化创新人才培养模式，提升教育质量。以学生为中心，积极探索翻转课堂、数字化学习等课堂教学新模式；以学生全面发展为目标，大力发展网络主题探究、项目式学习等具有信息时代特征的新型学习方式；与多个国家和地区的学校建立“国际学校联盟”，开展教育远程合作，提高师生的全球意识和社会责任感。

运用信息化创新教育管理模式，提高治理能力。重视顶层设计，以行政统筹、长效机制建立为重，将教育信息化纳入广东省经济社会信息化、教育“创强争先建高地”统筹。以管理信息化带动教育管理能力提升。目前，广东省已经在各阶段学校中完成国家教育管理信息系统及平台的部署和应用，基本实现了以电子化、网络化方式进行教育管理和网上事务处理。③

3.2.7 助力人才资源大省向强省转型

财政助力教育事业发展，为广东省培养和输送了大量人才。2010—2014 年，广东省高等教育共有毕业生 312.8 万人，其中研究生 11.1 万人，本专科大学生 215.9 万人，各级成人高校及成人中专学生 85.8 万人；高中阶段毕业生 607.2 万人，其中普通高中毕业生 333.9 万人，中等职业教育毕业生 206.3 万人，技工学校毕业生 67 万人。

① 中国出台高等教育强国计划，广东有何动作？[EB/OL]. http://news.southcn.com/shouyeyaowen/content/2015-11/06/content_136369596.htm.

② 数据来源：《广东统计年鉴 2015》。

③ 广东省教育厅罗伟其厅长：以信息技术带动教育发展方式转型 [EB/OL]. http://www.gdhed.edu.cn/publicfiles/business/htmlfiles/gdjytxxhbgs/zjsd/201410/480107.html.

各类学校培养的毕业生为广东社会经济建设提供了大量的人力资源，为广东的转型升级发展扩大了创新优势。

财政助力教育事业发展，提升了广东省人口受教育水平。1990 年第四次人口普查时，全省每十万人中具有大专及以上、高中和中专、初中和小学文化程度的人口分别为 1 338 人、8 928 人、23 041 人和 40 451 人，比重分别为 1.3%、8.9%、23% 和 40.5%。到 2010 年第六次人口普查时，全省每十万人中具有大专及以上、高中和中专、初中和小学文化程度的人口分别为 8 537 人、17 511 人、42 251 人和 22 804 人，大专及以上、高中和中专、初中文化程度的人口比 1990 年分别增加 7 199 人、8 583 人、19 210 人，比重分别上升到 8.5%、17.5% 和 42.3%，小学文化程度人口比重则下降到 22.8%。2010 年，具有大专以上文化程度的人口比 1990 年增长了约 5.4 倍，而文盲、半文盲人口比重则由 26.2% 下降到 8.9%，降幅达 66%；6 岁以上人口的平均受教育年限达到 8.55 年，比 1990 年增加 2.78 年。历次人口普查中广东省每十万人中拥有小学及以上文化程度人口如图 3 - 6 所示。

财政助力教育事业发展，促进高水平人才工作推进。2014 年，广东省专业技术人才总量达 455 万人，全省高层次人才总量达 26.5 万人，有院士 38 人、双聘院士 100 余人，“百千万人才工程”国家级人选 90 人，享受政府特殊津贴专家 5 151 人，累计培养博士后 6 000 余人。

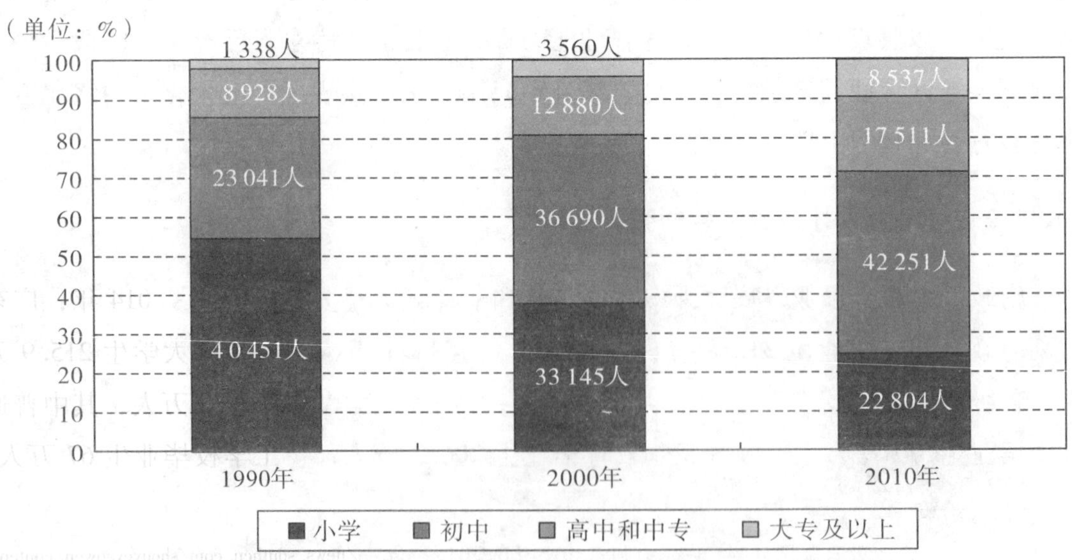

图 3 - 6　历次人口普查中广东省每十万人中拥有小学及以上文化程度人口

数据来源：相关年份《广东省统计年鉴》。

3.3 广东省教育财政保障水平的绩效分析

3.3.1 近年来广东省教育专项资金绩效分析

在学前教育专项资金安排上，2012年，广东省财政安排3亿元学前教育发展专项资金，用于落实新建、改建、扩建250所规范化公办乡镇中心幼儿园和500所村级幼儿园；省级财政每年还资助民办学前教育专项资金2 000万元。2013—2015年，广东省财政每年还安排不低于2 000万元的专款用于支持广东省原中央苏区县、少数民族县的农村幼儿园发展。在学前教育专项资金绩效方面，截至2012年底，广东全省共有幼儿园12 720所，在园幼儿数达330.7万人，超过《广东省中长期教育改革和发展规划纲要（2010—2020）》提出的270万人的目标；学前教育毛入园率达95%，专项资金的实施绩效显著。

在义务教育专项资金安排上，2010年中央及广东省财政就安排有补助全省义务教育专项资金，合计45.38亿元，包括公用经费、免收课本费、校舍维修、困难学生补助四种类别，惠及全省（不包括深圳）20个地市115个县（市/区）约20 000所学校。广东省财政从2009年起，还安排省本级义务教育专项资金，以竞争性分配方式奖补经济欠发达地区义务教育规范化学校建设，2009年度奖补项目共70个，奖补资金3.48亿元；2010年度奖补项目共36个，奖补资金1.9亿元。截至2011年底，广东全省义务教育规范化学校覆盖率达46.1%；全面实现基本普及高中阶段教育目标，毛入学率达到90.34%。

在高等教育专项资金安排上，广东省每年在省级层面安排1亿元专项资金，用于资助家庭经济困难大学新生入学，广东省各地也参照省里的做法设立了专项资金，资助本地生源家庭经济困难大学新生顺利入学。

但是广东省教育专项资金在取得巨大成效的同时，也存在一些问题，例如2009年广东省审计部门对职业教育基本建设专项资金进行审计，发现8个市共有省专项资金补助建设项目286个，未按时完成164个，滞留资金达4.17亿元；另有4个市8个单位挪用专项资金2 280.7万元。教育专项资金的规范化与制度化需要进一步加强。

上述广东省教育财政保障基本情况表明，受总体经济发展水平、国民收入分配状况、教育水平差距等多方面因素影响，在投入资金、公平程度等方面与科学发展的要求仍存在不小差距。主要表现为广东省对教育财政总体投入仍然不够，财政保障水平不高；受地区经济发展和财政收入不平衡以及财政体制因素的影响，发达地区和欠发达地区教育水平存在明显差异；城乡之间的教育水平差距明显；各类教育保障制度不够健全，各级教育之间资金资源分配存在较大差距，各级生均教育拨款制度和非义务教育培养成本分担机制仍不完善；专项资金所占比重较高，且专项资金管理制度和配置方式有待进一步改革提高；高校理财自主权不够，各级各类学校的财务管理仍有待进一步加强。教育财政保障不足、教育发展水平不均衡，这些都不能适应目前广东省经济发展的形势，极大地阻碍了广东省产业结构的转型升级，制约了广东省经济的发展，进而影响广东省在全国的经济大省的地位。

广东教育财政保障水平不高，不仅影响《广东省中长期教育改革和发展规划纲要(2010—2020)》战略目标的较快实现，而且会对广东经济社会发展产生深远影响，制约着广东经济建设的发展，影响基本公共服务均等化的实现，制约高层次人才的培养和公民素养的提高，进而制约各地经济的协调发展。因此，必须尽快提高广东省教育财政投入保障水平，进一步加大教育财政投入，进一步增强财政保障水平，进一步健全各类教育保障制度，进一步扩大学校理财自主权，提高各级各类学校财务管理规范化水平，为广东省经济的健康快速发展保驾护航。

3.3.2 近年来广东省教育财政保障的基本情况

1. 广东省教育财政支出总规模分析

广东省作为经济大省，2006 年以来教育财政支出在总量上保持了不断增长的势态。如表 3 - 7 所示，广东省教育财政支出经费从 2006 年的 724.96 亿元增长到 2014 年的 2 394.13 亿元，8 年间增加了两倍。从广东省教育财政支出平均增长率来看，2006—2014 年广东省教育财政支出平均增长率低于全国平均水平近 2 百分点。

表 3 - 7 2006—2014 年广东省教育财政支出规模及增长速度情况

（单位：千元）

年份	全国教育财政支出总额	全国教育财政支出增长率（上年 = 100）（%）	广东省教育财政支出总额	广东省教育财政支出增长率（上年 = 100）（%）
2006	767 243 654		72 496 328	
2007	868 864 103	13.24	78 849 771	8.76
2008	1 166 839 131	34.29	112 742 658	42.98
2009	1 398 566 206	19.86	119 361 131	5.87

（续上表）

年份	全国教育财政支出总额	全国教育财政支出增长率（上年=100）（%）	广东省教育财政支出总额	广东省教育财政支出增长率（上年=100）（%）
2010	1 592 340 266	13. 86	131 391 656	10. 08
2011	1 879 613 241	18. 04	156 579 095	19. 17
2012	2 308 578 403	22. 82	185 631 771	18. 55
2013	2 625 822 142	13. 74	212 522 263. 5	14. 49
2014	2 943 065 881	12. 08	239 412 756	12. 65
平均值	1 727 881 447. 44	18. 49	145 443 047. 72	16. 57

数据来源：2007—2015 年《中国教育经费统计年鉴》。

2. 广东省各类教育财政支出环比增长率分析

广东省教育财政支出总额在 2006 年后一直保持了增势，而且各类各级教育财政支出在 2006 后的 8 年间也有较大规模的增长。但 2009—2014 年，广东省各类教育财政支出平均环比增速均低于全国平均水平。如图 3－7 所示，广东省 2009 年后的 5 年间，仅幼儿园教育财政支出的环比增长率在 2012—2014 年明显高于全国平均水平。可见，虽然广东省的教育财政支出总额在 2006 年后一直有较大增幅，但由于 2009 年后全国教育财政支出总额也有较大幅度的增长，广东省教育财政支出的增速仍未能达到全国教育财政支出的平均增速。

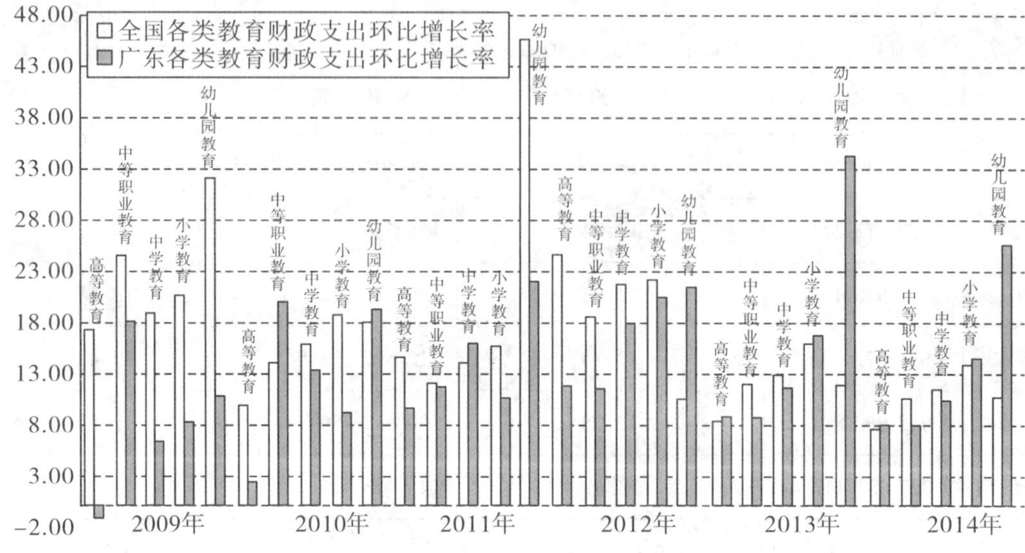

图 3－7　各类教育财政支出环比增长率比较

3.3.3　近年来广东省各地级市间教育财政保障水平分析

1．统计指标说明

由于受客观条件限制，本书仅采用2008—2014 年广东省内 21 个地级市教育财政支出、公共财政年度财政决算支出数据来分析它们的教育财政保障水平。大部分地级市的相关数据均来自历年各地级市统计年鉴，只有湛江、云浮、汕尾三市的相关数据来自政府信息网中的历年预算执行情况及下年预算草案的报告。

2．近年广东省各地级市教育财政保障水平绝对规模的比较

广东省教育财政支出大致可以分为三个梯队，其中第一梯队是深圳和广州，第二梯队是东莞和佛山，其他地级市为第三梯队。2011 年后省内第三梯队中的教育财政支出出现了分化趋势，惠州、中山两市的教育财政支出开始从第三梯队中逐渐分化。

另外，以省内经济区域划分为依据，我们比照了粤东、粤北、粤西和珠三角地区各地市的教育财政支出 5 年间的绝对规模变化，如图 3－8 所示。从图中可以发现，广东省教育财政支出强市均集中于珠三角地区。如 2014 年，珠三角地区仅肇庆未达到省内平均水平，而其他三个经济区域，分别仅有汕头（粤东地区）、梅州（粤北地区）和茂名（粤西地区）三市达到或略超过省内平均水平。

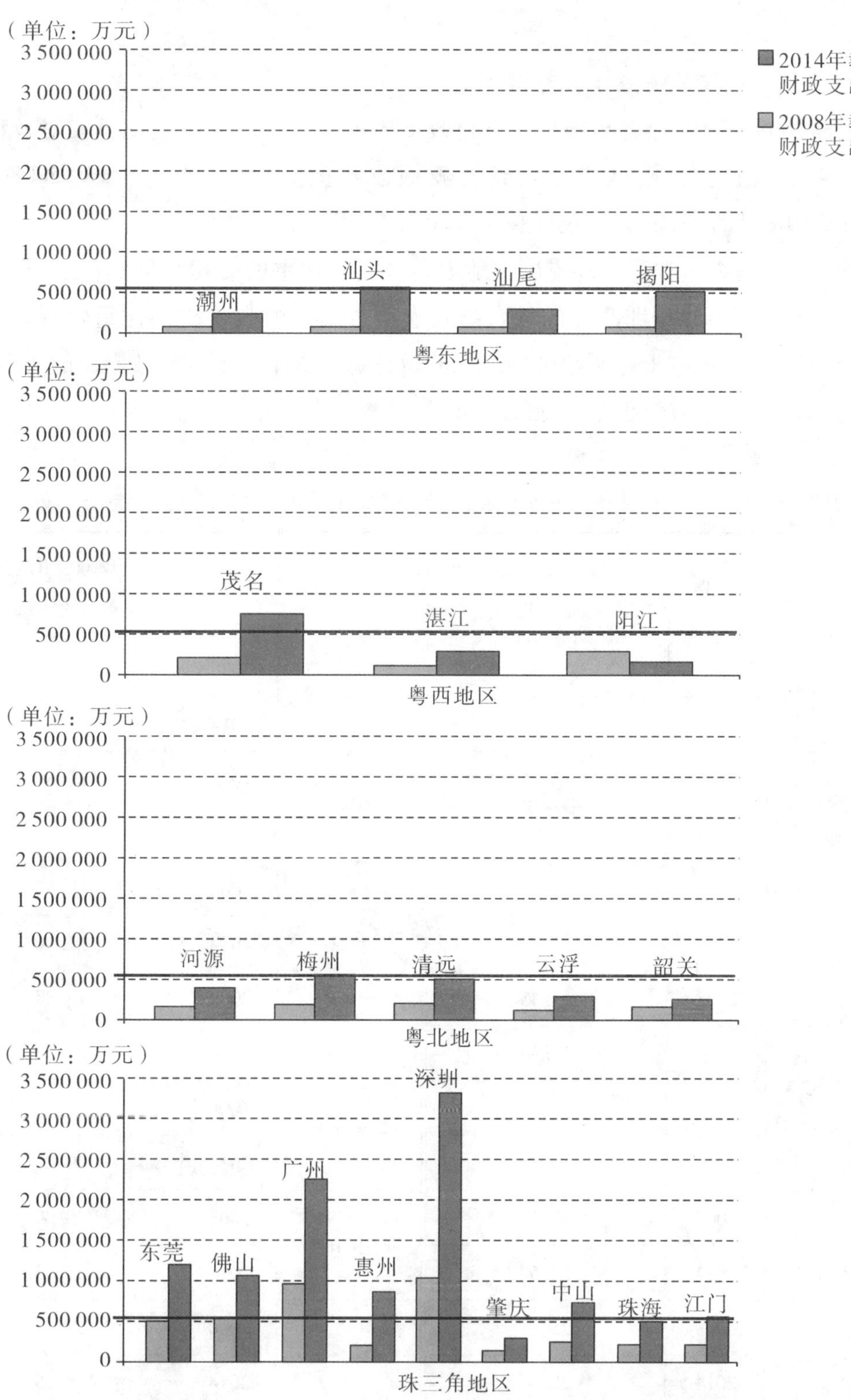

图 3－8　各地级市间 2008 年及 2014 年教育财政支出绝对规模变化比较

注：图中实线为 2014 年广东省教育财政支出平均水平。

3. 近年来广东省各地级市教育财政支出占地方财政支出比重的比较

广东省2008—2014年各地级市教育财政支出占地方财政支出的比重相对较稳定。2008—2014年全省教育财政支出占地方财政支出的比重变化不大，从2008年的21.49%到2014年的21.94%，仅增长了0.45%。

比较省内各地级市教育财政支出占地方财政支出比重的变化，虽然各地级市的差别不明显，但是广州和深圳两地的教育财政支出占地方财政支出的比重较低。另外，从表3-8中可以看出位于粤西地区的湛江的教育财政支出占地方财政支出的比重波动较大，且2014年该比重位于全部地级市末尾。

表3-8　2008年、2014年广东省各地级市教育财政支出占地方财政支出比重的比较

地区名称	年份	教育财政支出占地方财政支出的比重（%）	地区名称	年份	教育财政支出占地方财政支出的比重（%）
潮州	2008	23.53	汕尾	2008	25.76
	2014	24.23		2014	24.65
东莞	2008	22.91	深圳	2008	11.59
	2014	25.99		2014	15.27
佛山	2008	22.16	阳江	2008	19.53
	2014	21.59		2014	21.10
广州	2008	13.45	云浮	2008	13.88
	2014	12.36		2014	22.02
河源	2008	24.22	肇庆	2008	17.24
	2014	17.91		2014	20.04
惠州	2008	18.59	中山	2008	25.00
	2014	23.54		2014	27.53
茂名	2008	25.01	珠海	2008	19.18
	2014	28.47		2014	18.19

（续上表）

地区名称	年份	教育财政支出占地方财政支出的比重（%）	地区名称	年份	教育财政支出占地方财政支出的比重（%）
梅州	2008	22.99	揭阳	2008	31.51
	2014	16.73		2014	28.73
清远	2008	22.71	湛江	2008	24.41
	2014	23.36		2014	11.76
汕头	2008	24.17	韶关	2008	20.82
	2014	26.68		2014	19.74
江门	2008	22.54	全省平均水平	2008	21.49
	2014	30.76		2014	21.94

3.4　广东省提高教育财政保障的经验总结

教育财政保障是支撑广东省教育事业长远发展的基础，也是教育事业发展的物质基础。广东省委、省政府坚持教育优先发展战略，按照“经济社会发展规划优先安排教育发展，财政资金优先保障教育投入，公共资源优先满足教育和人力资源开发需要”的要求，以“促增长、保发展，强基本、补短板，建机制、增绩效”为教育投入主攻方向，建立工作统筹、资金统筹、考核统筹的“三个统筹”机制，着力健全以财政拨款为主，其他多渠道筹集教育经费为辅的体制，确保教育投入“三个增长”，为广东省教育“创强争先建高地”提供了强有力的财力保障。近年来，在广东省教育财政保障的支持下，广东省教育事业改革发展取得骄人成绩，教育现代化推进取得新进展，为广东省经济社会发展提供了有力支撑，也为广东省“两个率先”目标的实现奠定了人才、智力和科技基础，探索开创了一条广东省特色教育发展之路，为广东“十三五”乃至更长时期教育改革发展提供了可资借鉴的宝贵经验。

3.4.1　做好财政总体规划

广东省是一个人口大省、教育大省和经济大省，区域经济、社会发展非常不均衡，教育财政基础薄弱，教育现代化面临规模适度扩张和质量持续提升的双重压力。建设教育强省，实现教育现代化，打造教育高地，任务重、难度大。科学论证，精准施策，做好省内各级教育财政保障分配的总体规划非常关键。为保证省内教育财政保障的总体规划科学可行，确保推进得积极稳妥；为让每个地级市都有适合的教育财政保障目标，每个基层教育机构学校都有自己的财政保障支持；为让社会各界和普通群众都有普遍的财政支持的获得感，省委、省政府和教育厅等各部门在进行教育财政保障总体规划时，始终坚持全局性、系统性、连续性和协调性。

1. 省内各级财政部门统筹规划，调整支出结构，优先保障教育财政投入

教育财政投入是支撑教育事业改革发展的基础。省内各级财政部门要抓紧研究、制定切实可行的有效措施，统筹规划，调整支出结构，把教育作为财政支出重点领域予以优先保障，大幅度增加教育财政投入，确保实现《广东省中长期教育改革和发展规划纲要（2010—2020）》提出的战略目标。各级财政部门在年初预算和预算执行中都要落实法定增长的要求，保证教育财政拨款增长明显高于财政经常性收入增长。同时，要会同有关部门强化教育费附加和地方教育费附加的征收和管理工作，确保足额征收和管好、用好。广东省将根据中央下达的分省教育财政支出占一般预算支出的比例的要求，把任务分解落实到各地区，以确保达到中央所规定的目标要求。

2. 明确责任，完善投入机制，保障教育经费稳定增长

进一步梳理细化，完善各级教育经费投入机制，保障各级各类学校办学经费的稳定来源和增长。义务教育要全面纳入财政保障范围，实行各级政府分项目、按比例分担的义务教育经费保障机制，提高保障水平；非义务教育要实行以政府投入为主、受教育者合理分担培养成本的投入机制：学前教育实行政府投入、社会举办者投入、家庭合理负担的投入机制；普通高中实行以财政投入为主，其他多渠道筹措教育经费为辅的体制，随着财力增强，逐步提高高中阶段教育财政投入水平；中等职业教育实行政府、行业和企业及其他社会力量等多渠道依法筹集教育经费的机制；高等教育实行以社会举办者投入为主、受教育者合理分担培养成本、学校设立基金接受社会捐赠等多渠道筹措教育经费的投入机制。对农村、边远贫困地区、民族地区等关键领域和薄弱环节，要进一步加大投入，集中力量解决突出问题。逐步健全资助政策体系，根据经济发展水平和财力状况，建立资助标准动态调整机制。

3. 科学精细，加强教育经费管理，着力提高资金使用效益

各级财政部门对教育的大幅度投入，一方面给教育事业的发展带来了新的机遇；另一方面，也对教育经费的管理提出了更高的要求。各级财政部门要坚持依法理财，

会同有关部门，进一步管好、用好教育经费，逐步建立科学化、精细化的管理机制，统筹考虑，合理安排资金，提高教育资源配置效益，促进教育资源共享共用。坚持勤俭办学，严禁铺张浪费，建设节约型学校，确保教育经费使用规范、安全、有效，着力提高资金使用效益。要进一步加强预算执行支出管理，提高预算执行效率，加快资金分配下达进度，严格执行预算支出责任。在预算执行中要避免进度缓慢、年底集中支出、结余结转过大等情况。同时，要探索建立教育经费的绩效评价体系，在对省级职业教育基础能力建设等专项资金进行绩效考评的基础上，逐步将其他教育专项资金纳入绩效考评体系，加强重大项目经费使用考评。

3.4.2 调动市场、民间资金和民办教育的积极性

建立教育财政保障机制离不开各级党委、政府的领导和重视，各有关部门的支持配合，行业企业的积极参与，以及全社会的广泛动员。在各级地方政府积极筹措地方财政保障地方教育投入的同时，随着教育财政保障体制改革的深入，省内教育财政保障体系开始凝聚人心，各级政府开始充分调动社会各界的力量，形成政府高度重视教育发展，带头谋划教育“创强争先建高地”，财政投入引领教育发展，社会各界共襄教育盛举的局面。

1. 注重调动市场的积极性

广东省作为改革开放的前沿，市场机制相对成熟，思想观念超前，在发挥市场机制的作用推进各项改革中积累了丰富的经验。这一点，在筹集教育保障资金的过程中也不例外。在充分发挥政府作用的同时，广东省创新教育经费管理分配机制，提高资金使用效益。推进资金分配方式改革，采取因素分配与竞争性分配相结合的方法，将资金分配与事业发展绩效考核挂钩。改革资金下达方式，公开奖补资金计算方法，提前告知控制数，方便各市县提前谋划、自主安排，充分调动地方发展教育的积极性、主动性。为了发挥财政专项资金的更大效益，广东省通过绩效评价的方式，运用市场机制对教育“创强”进行评价，把绩效评价结果作为资金分配的重要依据。根据广东省人大常委会委托第三方机构以教育“创强”的成果和满意度为导向，对2012—2015年度省级教育“创强”专项资金实施的绩效评价结果显示，市场机制引入“创强”，有利于发挥合理配置公共财政资源的作用。①

---

① 广东省政府绩效管理研究会 . 2012—2015 年广东省基础教育创强奖补专项资金绩效第三方评价报告［R］. 2015.

2. 注重调动民间资金的积极性

广东省各部门在教育厅的统筹下，各司其职，共同完善省内教育财政保障机制。省教育体制综合改革领导小组各成员单位，如组织、宣传、财政、民政、人社、编制、国土、规划等各部门，加强政策措施的改革匹配，多方筹措教育保障资金。

上行下效，地方各级党委政府也把推进本级教育财政保障体系改革提上重要的议程，科学规划、因地制宜推进体制改革。特别注重“接地气”，把握广大群众对教育的需求，大力改善学校的软件和硬件环境，让老百姓有实实在在的获得感，从而调动广大群众和社会各界支持教育改革的积极性，为教育提供更多的资金保障。广泛发动社会各界和人民群众捐资办学，特别是充分发挥“侨乡”优势，调动港澳台同胞、海外侨胞的积极性，使其纷纷慷慨解囊支持家乡的教育建设，社会各界支持教育发展的氛围浓厚。乡贤、企业家等社会力量以实际行动支持和参与教育“创强争先”，捐资办学发展教育的热情日益高涨。广大党员干部、普通群众、社会各界热心人士、外出乡贤积极参与到教育“创强”中来，营造人人关心“创强”、个个支持“创强”的浓厚氛围。据不完全统计，社会各界捐资捐款占全省教育资金总投入的1/4，超过100亿元。

3. 注重调动民办教育的积极性

广东省是全国民办教育第一大省，民办教育成为广东省教育的重要组成部分和推动教育改革发展的重要力量。民办教育在满足群众多样化的教育需求、保障庞大的随迁人员子女教育等方面发挥了重要作用。但由于其办学历史短、举办者队伍良莠不齐，导致不少民办学校办学条件差、质量水平不高、管理不够规范，成为教育保障体系的薄弱环节。广东省政府认识到，如果没有约占全省各级各类学校和学生总体1/3的民办学校的参与，省内的教育财政保障体系是不完整的。因此，在建立广东省教育财政保障体系的过程中，注重算大账①，重视公办教育财政保障的同时，更要注重借助民办教育专项资金、民办教育规范特色发展等手段，加大对民办教育的扶持力度，调动民办学校参与的积极性，建立省内教育财政保障全面覆盖的新格局。

广东省自2005年起就不断加大对民办教育的财政扶持力度，对办学行为规范、办学效果好、办学质量高的民办学校予以奖励。2005年广东省政府设立民办教育专项资金，扶持各级各类民办教育发展，2012年起省级专项资金从原来的每年3 000万元增加到每年5 000万元，2015年起增加到7 000万元。多数地方政府结合本地民办教育的

① 罗伟其．支持民办教育要算大账不算小账［N］．南方日报，2016－03－08.

规模和特点，相应设立地方民办教育专项资金。2015 年，全省已有 14 个市、56 个县（市、区）政府设立了本级财政民办教育专项资金。各级财政民办教育专项资金在改善民办学校办学条件、提升教师素质、提高人才培养质量等方面发挥了巨大作用。

3.4.3　实行教育保障资金统筹机制

广东省虽然是经济大省，但也是人口大省、教育大省，教育经费并不宽裕，加之广袤的粤东西北地区财政支持能力较弱，要实现全面建立教育财政保障机制绝非易事，必须走集中财力办大事的路子。实行资金统筹，集中财力，提高资金使用效益，真正用好每一分钱。否则，有限的财力难以承受“创强”的巨额投入。通过“全面规划，整体推进，总体考评，综合奖补”的资金奖补办法，把各级教育财政投入、各项教育专项资金和社会各界支持教育的资金统筹起来，从“碎片化”分散投入转为“整体化”集中投入，大大提高了资金使用效益。

1. 统筹保障教育经费投入，提高财政教育经费的保障能力

改革资源配置方式，增强教育经费统筹能力。制定基础教育“创强”专项资金奖补办法、高等教育创新强校工程实施方案以及资金奖补办法，整合部分基础教育专项资金和高等教育专项资金，分别设立基础教育“创强”奖补资金和高校创新强校工程奖补资金，通过“综合考评、综合奖补”的方式，安排市县和高校统筹使用，促进政府职能转变，深化行政体制改革，进一步扩大和落实基层与学校的办学自主权，增强办学活力，引导基层和学校加强宏观谋划，合理定位，由过去重项目申报、轻使用管理向重资金统筹使用、争创绩效转变。

2. 统筹教育资金的使用，优化财政支出结构

广东省教育厅、财政厅加大创新强校工程的资金统筹和投入力度，省级专项资金采用综合奖补方式下达，改变过去单项资助或奖补的做法，避免了高等教育专项资金的相对分散和碎片化，将资金分配的权力下放给各高校，而不是由教育厅直接将资金分配到项目，这是广东协同机制创新的一个特点。高等教育创新强校工程资金整合多个项目的经费，主要包括：①各级财政资金。省级财政资金包括“985 工程”“211 工程”专项资金、引进国外知名高校来粤合作举办独立高校专项资金、广东省政府留学生奖学金等（以上资金按专项资金的指定用途和程序进行管理和安排）；高校创新能力提升计划（“2011 计划”）专项资金、高校学科专业建设专项资金、高等学校教学质量与教学改革工程专项资金、高校人才引进专项资金、强师工程专项资金（高等教育部分）、民办高等教育专项资金（本科部分、高职专项资金也将纳入统筹）等；高

校生均定额拨款或公用经费拨款，中央财政下拨的高等教育专项补助或奖励资金，地级市财政安排的生均经费或专项资金。②学校事业收入（主要是学费和住宿费）。③学校其他收入（经营收入等）。④社会捐赠资金等。

3. 制订教育创强“一揽子计划”，统筹基础教育资金

为符合教育改革发展的需要，广东省财政厅、教育厅坚持顶层设计、总体规划、政策先行、机制创新的原则，研究制订了“一揽子计划”。省级财政 2012—2015 年计划投入 1 346 亿元，其中，省教育厅管理经费为 1 180 亿元。经费使用坚持教育普惠性、公益性，重点保障义务教育均衡发展，突出保障重点工程，促进教育公平。特别对欠发达地区，以教育“创强”为抓手，发挥省级财政杠杆作用，“托高”欠发达地区教育底座，缩小欠发达地区与珠三角地区的教育发展差距，促进区域教育协调发展。

据初步统计，“十二五”期间广东省教育财政投入 12 098 亿元，其中省本级教育财政投入1 676 亿元，分别比“十一五”的 5 922 亿元和 729 亿元增长了 1.04 倍、1.30 倍。通过集中财力“创强”，有效的投入显著改善了办学条件，吸引了更多优秀人才投身教育，促进了教育质量全面提升。

4 广东省教育财政保障水平的问题与原因分析

4.1 广东省教育财政保障缺口估测

所谓的财政缺口就是财政需求与财政能力之差，其中财政需求是指各级行政单位在同等的支出效率前提下，地方政府达到均衡范围内公共支出项目均等化所需的支出；财政能力是指各级行政单位在平均收入努力程度下，按照各项地方税收所对应的经济税基估算出的收入能力。本书研究的是省内各地级市公共财政教育支出的财政缺口，所谓公共财政教育支出包括教育事业费、基建经费和教育费附加。比照财政缺口的概念，在此将省内各地级市公共财政教育支出的财政缺口定义为各地级市教育财政需求与教育财政能力间的差值。其中，教育财政需求是指地级市在同等支出效率前提下，在财政收支均衡范围内，达到全国或全省各级教育生均经费标准时所需的支出。地方教育财政能力的衡量指标有三个，教育财政支出占 GDP 的 4%、教育财政支出占本级财政支出的 25% 及实际本级教育财政投入。

4.1.1 广东省各地级市教育财政需求估算

根据教育财政需求的定义，对广东省 21 个地级市教育财政需求的估算采用如下公式：

$$\text{教育财政需求} = \sum_{j} j\text{级次教育生均支出标准} \times j\text{级次教育学生数} \tag{4.1}$$

其中 j = 普通高校、普通中学（含初中、高中）、中等职业学校、普通小学等；生均支出标准取自全国各级教育生均支出标准。

1. 广东省各地级市教育财政需求估算所需数据的说明

要计算（4.1）式，首先要明确j级次教育生均支出标准。根据财政性教育经费的概念及历年国家教育部、统计局、财政部全国教育经费执行情况统计公告的统计口径可知，我国财政性教育经费（公共财政教育支出）包括教育事业费、基建经费和教育费附加三个方面的经费，经核对，此项统计指标即为统计年鉴中的教育支出一项。因此，我们可以利用2014年教育经费执行情况统计公告中的各级教育生均经费为计算省内地级市教育财政需求的标准①，具体如表4－1所示。

表4－1　2014年广东省与全国各级教育生均经费对照表

（单位：元）

各级教育生均公共财政预算教育事业费										
	普通小学		普通初中		普通高中		中等职业学校		普通高校	
	生均经费	全国排名	生均经费	全国排名	生均经费	全国排名	生均经费	全国排名	生均经费	全国排名
全国均值	7 681.02	16	10 359.33	20	9 024.96	16	9 128.83	21	16 102.72	9
广东省均值	7 738.55		9 264.05		8 979.99		7 996.61		14 361.68	
各级教育生均公共财政预算公用经费										
	普通小学		普通初中		普通高中		中等职业学校		普通高校	
	生均经费	全国排名	生均经费	全国排名	生均经费	全国排名	生均经费	全国排名	生均经费	全国排名
全国均值	2 241.83	9	3 120.81	23	2 699.59	19	3 680.83	22	7 637.97	24
广东省均值	1 851.39		2 382.21		2 252.67		3 175.01		5 546.02	

① 历年全国教育经费执行情况统计公告的公布时间均在次年的10月中下旬，因此截至本书成稿时，我们未能取得我国2015年全国教育经费执行情况的数据。

表4－1中列出了2014年全国教育经费执行情况统计公告中各级教育生均公共财政预算教育事业费及各级教育生均公共财政预算公用经费两种统计口径，其中每个口径下我们还列出了全国均值和广东省均值，共四种口径来推算广东省各地级市的教育财政需求。

j级次教育学生数取自广东省21个地级市2008—2014年的统计年鉴，如表4－2所示。

表4－2　2008—2014年广东省各地级市各级学校在校生人数的统计描述

（单位：人）

变量名称		均值	标准误差	最小值	最大值	样本量
普通高校	全样本	72 795.47	181 091.70	0	983 051.00	119
	组间		183 759.50	0	865 745.70	21
	组内		19 426.10	－56 798.2	194 106.10	6
中等职业学校	全样本	60 874.75	55 100.07	0	251 077.00	120
	组间		52 827.14	0	245 307.70	21
	组内		18 892.83	－26 832.92	133 551.80	6
普通中学（含初中、高中）	全样本	323 631.80	158 278.00	90 901.00	706 881.00	126
	组间		160 055.00	94 048.33	661 151.30	21
	组内		21 425.17	251 093.50	369 361.50	6
普通小学	全样本	442 388.60	453 090.50	125 643.00	4 924 418.00	126
	组间		291 854.70	128 399.30	1 371 695.00	21
	组内		351 452.7	－400 636.20	3 995 112.00	6

注：①普通中学在校生人数为历年各地级市普通高中和初中在校生总人数；②汕尾是省内唯一一个没有普通高校和中等职业学校的地级市，其相关指标数据计为0；③云浮2014年普通高校在校生人数缺失，我们用2008—2013年云浮市普通高校在校生平均数进行了插值。

2. 广东省各地级市教育财政需求估算

由于省内地级市的普通中学统计数据中未将普通高中在校生人数分列统计，因此要分类假设普通中学中都是初中生和都是高中生两种情况及这两种情况的平均值。利用（4.1）式，推算我省各地级市的教育财政需求。具体如表 4－3 所示。

表 4－3　广东省 2015 年各地级市教育财政需求

（单位：亿元）

	以各级教育生均公共财政预算教育事业费为标准计算地级市教育财政需求						以各级教育生均公共财政预算公用经费为标准计算地级市教育财政需求					
	全国			广东省			全国			广东省		
	高中生均经费支出	初中生均经费支出	平均值	高中生均经费支出	初中生均经费支出	平均值	高中生均经费支出	初中生均经费支出	平均值	高中生均经费支出	初中生均经费支出	平均值
广州	295.62	302.92	299.27	276.03	277.58	276.81	117.98	120.28	119.13	90.39	91.1	90.75
深圳	105.98	110.94	108.46	104.41	105.47	104.94	33.94	35.5	34.72	27.53	28.02	27.78
珠海	41.03	42.29	41.66	38.61	38.88	38.75	15.99	16.39	16.19	12.29	12.42	12.36
汕头	86.91	93.12	90.02	86.06	87.38	86.72	26.63	28.59	27.61	22.11	22.71	22.41
佛山	80.54	84.76	82.65	78.74	79.64	79.19	26.08	27.41	26.75	21.38	21.79	21.59
韶关	40.06	42.29	41.18	39.07	39.55	39.31	13.24	13.94	13.59	10.73	10.95	10.84
湛江	121.55	129.41	125.48	118.57	120.24	119.41	39.65	42.13	40.89	32.5	33.26	32.88
肇庆	69.47	73.28	71.38	67.43	68.24	67.84	23.41	24.61	24.01	18.89	19.26	19.08
江门	55.54	58.66	57.10	54.24	54.91	54.58	18.06	19.04	18.55	14.79	15.09	14.94
茂名	108.57	116.13	112.35	107	108.61	107.81	33.95	36.34	35.15	28.06	28.8	28.43
惠州	73.26	77.09	75.18	71.82	72.64	72.23	23.34	24.55	23.95	19.26	19.63	19.45
梅州	57.76	61.63	59.70	56.69	57.52	57.11	18.34	19.56	18.95	15.14	15.51	15.33
汕尾	41.16	44.43	42.80	41.18	41.88	41.53	12.17	13.2	12.69	10.11	10.43	10.27

（续上表）

	以各级教育生均公共财政预算教育事业费为标准计算地级市教育财政需求						以各级教育生均公共财政预算公用经费为标准计算地级市教育财政需求					
	全国			广东省			全国			广东省		
	高中生均经费支出	初中生均经费支出	平均值	高中生均经费支出	初中生均经费支出	平均值	高中生均经费支出	初中生均经费支出	平均值	高中生均经费支出	初中生均经费支出	平均值
河源	43.19	45.8	44.50	42.46	43.02	42.74	13.59	14.42	14.01	11.25	11.5	11.38
阳江	31.12	33.16	32.14	30.76	31.2	30.98	9.65	10.29	9.97	7.98	8.18	8.08
清远	46.49	49.4	47.95	45.83	46.45	46.14	14.53	15.45	14.99	12.02	12.3	12.16
东莞	91.12	94.83	92.98	89.62	90.41	90.02	29.19	30.36	29.78	23.79	24.15	23.97
中山	39.82	41.85	40.84	39.22	39.65	39.44	12.85	13.49	13.17	10.36	10.56	10.46
潮州	35.45	37.87	36.66	34.9	35.42	35.16	11.21	11.97	11.59	9.21	9.44	9.33
揭阳	437.27	443.68	440.48	437.97	439.34	438.66	129.05	131.08	130.07	107.43	108.06	107.75
云浮	37.57	39.72	38.65	36.61	37.07	36.84	12.25	12.92	12.59	10.11	10.32	10.22

4.1.2　广东省各地级市教育财政能力估算

1．广东省各地级市教育财政能力估算方法简介

就我国现行财政制度来说，地方政府缺乏可靠的税基作为教育事业发展的保障财源。虽然地方政府财政收入中的教育费附加有类似教育财源的性质，但由于其规模在总教育经费中极其有限，不足以满足地方政府教育财政经费保障的需要。

本书根据我国目前财政体制的现状和教育发展规划目标将地方政府教育财源设定为以地方政府本级财政收入作为当地教育投入的税基，并规定一定的税率，再以税基乘以税率估算地方教育财政能力。其中，选择地方政府本级财政收入作为当地教育投入的税基的原因有二：①我国近95%的教育经费由地方政府承担，这样可以保证中央

和地方的事权划分不会出现较大的浮动；②地方政府本级财政收入不包括中央财政补助的部分，可以根据地方的历史数据进行估算，估算出的地方政府本级财政收入便是上述的地方财政能力，再根据设定的教育财源比例可以测算出地方教育财政能力。

地方政府筹集教育财政资金的税率即本级地方教育财政保障性经费占地方本级财政收入的比重。本书根据教育财政支出占 GDP 的 4% 和教育财政支出占本级财政支出的 25% 两个指标，拟定了两个地方教育财政保障性经费的税率方案。方案 1 是以教育财政支出占 GDP 的 4% 为标准计算广东省各地级市本级教育财政能力的税率。以 2014 年为例，具体的换算思路如下，先计算 2014 年广东省各地级市教育财政收入占 GDP 的比重，再以 4% 除以该比重，可得本级财政收入应承担的教育财政支出的比重，即为方案 1 的税率。方案 2 以《广东省中长期教育改革和发展规划纲要（2010—2020）》中对 2020 年广东省各级教育财政支出占财政支出比例达到 25% 以上的规划为衡量标准，计算广东省各地级市本级教育财政能力的税率。具体的换算思路如下：先计算本级教育财政收入占地级市总财政支出的比例，再以 25% 除以该比例，可得本级财政收入应承担的教育财政支出的比重，即方案 2 的税率。

2. 地方财政收入筹集能力估计及地方本级教育财政保障性资金估算

在估算地方教育财政能力之前，首先估算 2015 年广东省 21 个地级市的总财政能力。目前，估算财政能力的方法主要有两大类：一是代表性税收收入系统（RTS）（Martinez & Boex，2001），利用主要标准税基和税率估计地方的各项税收，算出总和后的各项税收便构成标准的财政收入；二是以主要的经济变量替代税基，利用回归的方式近似估算标准财政收入，如马俊（1997）、马红旗和陈仲常（2012）采用社会零售商品总额和工业企业的税前利润近似估计我国的税基，Barro（2002）、尹恒和朱虹（2009）利用人均 GDP 和产业结构替代税基，黄解宇和常云昆（2005）利用 GDP 和社会零售商品总额替代税基等。由于税基的庞杂与数据的难以获取，而且标准的税基和税率的确定存在很大的操作空间，地方政府通过上调或降低税率的办法就可以影响其财政能力的估算，进而得到中央更多的转移支付，这样会产生一定的制度漏洞，因此代表性税收收入系统的应用性较差，大多数学者选择第二种方法估算财政能力。考虑到数据的可得性，我们采用 GDP 和社会零售商品总额作为解释变量来替代税基，利用地方实际财政收入作为被解释变量，选择 2008—2015 年广东省 21 个地级市的面板数据进行回归。对财政收入和 GDP 以消费者物价指数进行平减，对社会零售商品总额以零售商品价格指数进行平减，基期均为 2008 年，所有数据取自然对数。分别采用固定效应和随机效应模型进行回归，两个模型的选择取决于 Hausman 检验结果，如果检验结

果的 p 值小于 0.01，即选择固定效应模型，否则选择随机效应模型。两个模型如下：

$$固定效应：REC_{it} = -3.77^{***} + 0.06^{*} GDP_{it} + 1.23^{***} Rerail_{it} \tag{4.2}$$

$$随机效应：REC_{it} = -3.73^{***} + 0.08^{**} GDP_{it} + 1.20^{***} Rerail_{it} \tag{4.3}$$

其中，*，**，***分别表示在 10%、5%和 1%的显著性水平上显著。

Hausman 检验 $p=0.0001$，小于 0.01，故选择固定效应模型。根据固定效应模型的回归参数，估算广东省 21 个地级市的地方总财政能力及两个方案下的地方教育财政能力，结果如表 4-4 所示。

表 4-4　2014 年广东省 21 个地级市的地方 GDP、总财政能力及教育财政能力

地级市	地方 GDP（亿元）	地方总财政能力（亿元）	方案 1（以占 GDP 4% 为依据）		方案 2（以占本级财政支出 25% 为依据）	
			教育性财政占财源比例（%）	地方教育财政能力（亿元）	教育性财政占财源比例（%）	地方教育财政能力（亿元）
广州	15 420.14	2 377.524 0	0.54	1 284.35	0.30	721.57
深圳	14 500.23	1 407.426 0	0.34	471.52	0.24	343.64
珠海	1 662.38	129.161 9	0.34	44.23	0.04	5.09
汕头	1 565.90	233.714 0	0.56	130.58	0.43	99.68
佛山	7 010.17	592.661 0	0.64	379.24	0.28	165.13
韶关	1 010.07	72.846 6	0.56	41.00	0.6	43.83
湛江	2 060.01	200.437 7	0.78	155.93	0.83	165.65
肇庆	1 660.17	82.561 0	0.55	45.40	2.41	199.28
江门	2 000.18	173.997 4	0.51	88.09	0.34	58.52
茂名	2 160.17	168.600 9	0.96	161.22	0.60	101.97
惠州	2 678.35	169.539 3	0.43	72.60	0.33	55.62
梅州	800.01	68.315 9	0.46	31.51	0.74	50.79

（续上表）

地级市	地方 GDP（亿元）	地方总财政能力（亿元）	方案 1（以占 GDP 4% 为依据）		方案 2（以占本级财政支出 25% 为依据）	
			教育性财政占财源比例（%）	地方教育财政能力（亿元）	教育性财政占财源比例（%）	地方教育财政能力（亿元）
汕尾	671.75	76.157 7	0.56	42.50	0.55	41.64
河源	680.33	30.852 8	0.56	17.21	0.87	26.83
阳江	1 039.84	86.315 1	0.77	66.83	0.53	45.91
清远	1 093.04	82.653 1	0.47	38.93	0.50	41.33
东莞	5 490.02	333.322 4	0.54	178.84	0.27	90.53
中山	2 638.93	173.783 7	0.47	81.38	0.26	45.61
潮州	780.34	50.971 2	0.84	42.90	0.58	29.62
揭阳	1 605.35	116.398 0	0.96	112.08	0.61	71.45
云浮	602.30	26.111 3	0.53	13.75	0.62	16.27

注：回归中对数据进行了价格调整并取对数，表中数据对其进行了还原，为 2008 年当年不变价格指数。

4.1.3 广东省地级市教育财政缺口估算

广东省 2014 年各地级市教育财政能力与总需求经费间的缺口如表 4－5 所示。

表 4－5 广东省 2014 年各地级市教育财政能力与总需求经费间的缺口

（单位：亿元）

地级市	地方教育财政缺口区间（以占 GDP 4% 为依据）		地方教育财政缺口区间（以占本级财政支出 25% 为依据）	
	全国	广东省	全国	广东省
广州	（－988.73，－981.43）	（－1 008.32，－1 006.77）	（－603.60，－601.30）	（－631.18，－1 193.25）
深圳	（－365.54，－360.58）	（－367.11，－366.05）	（－309.70，－308.14）	（－316.11，－443.50）
珠海	（－3.20，－1.94）	（－5.62，－5.35）	（10.90，11.30）	（7.20，－31.81）

（续上表）

地级市	地方教育财政缺口区间（以占 GDP 4% 为依据）		地方教育财政缺口区间（以占本级财政支出 25% 为依据）	
	全国	广东省	全国	广东省
汕头	（-43.67，-37.46）	（-44.52，-43.20）	（-73.05，-71.09）	（-77.57，-107.87）
佛山	（-298.70，-294.48）	（-300.50，-299.60）	（-139.05，-137.72）	（-143.75，-357.45）
韶关	（-0.94，1.29）	（-1.93，-1.45）	（-30.59，-29.89）	（-33.10，-30.05）
湛江	（-34.38，-26.52）	（-37.36，-35.69）	（-126.00，-123.52）	（-133.15，-122.67）
肇庆	（24.07，27.88）	（22.03，22.84）	（-175.87，-174.68）	（-180.39，-26.14）
江门	（-32.55，-29.43）	（-33.85，-33.18）	（-40.46，-39.48）	（-43.73，-73.01）
茂名	（-52.65，-45.09）	（-54.22，-52.61）	（-68.02，-65.63）	（-73.91，-132.43）
惠州	（0.66，4.49）	（-0.78，0.036）	（-32.28，-31.07）	（-36.36，-52.97）
梅州	（26.25，30.12）	（25.18，26.01）	（-32.45，-31.23）	（-35.66，-16.01）
汕尾	（-1.34，1.93）	（-1.32，-0.62）	（-29.47，-28.44）	（-31.53，-32.07）
河源	（25.98，28.59）	（25.25，25.81）	（-13.24，-12.41）	（-15.58，-5.71）
阳江	（-35.71，-33.67）	（-36.07，-35.63）	（-36.26，-35.62）	（-37.93，-58.65）
清远	（7.56，10.47）	（6.90，7.52）	（-26.80，-25.88）	（-29.31，-26.63）
东莞	（-87.72，-84.01）	（-89.22，-88.43）	（-61.34，-60.17）	（-66.74，-154.69）
中山	（-41.56，-39.53）	（-42.16，-41.73）	（-32.76，-32.12）	（-35.25，-70.82）
潮州	（-7.45，-5.03）	（-8.00，-7.48）	（-18.41，-17.65）	（-20.41，-33.46）
揭阳	（325.19，331.60）	（325.89，327.26）	（57.60，59.63）	（35.98，-4.016）
云浮	（23.82，25.97）	（22.86，23.32）	（-4.02，-3.35）	（-6.16，-3.43）

由表 4-5 可知，当对所有地区统一以占 GDP 4% 为依据进行计算时，存在教育财政缺口的地区有韶关、肇庆、惠州、梅州、河源、清远、揭阳和云浮 8 个地区，全部属于粤西北地区；对所有地区统一以占本级财政支出 25% 为依据进行计算时，存在教育财政缺口的地区减少了，仅有珠海和揭阳 2 个地区。

另根据表 4-3，我们还计算了 2014 年广东省各地级市教育财政实际投入与教育财政总需求间的缺口，如表 4 - 6 所示。

表 4 - 6 广东省 2014 年各地级市教育财政实际投入与教育财政总需求间的缺口

（单位：亿元）

地级市	2014 年实际教育财政支出	以各级教育生均公共财政预算教育事业费为标准计算的地级市教育财政缺口				以各级教育生均公共财政预算教育公用经费为标准计算的地级市教育财政缺口			
		全国生均经费标准		广东省生均经费标准		全国生均经费标准		广东省生均经费标准	
		高中生均经费支出	初中生均经费支出	高中生均经费支出	初中生均经费支出	高中生均经费支出	初中生均经费支出	高中生均经费支出	初中生均经费支出
广州	253.95	41.67	48.97	22.08	23.63	-135.97	-133.67	-163.56	162.85
深圳	287.73	-181.75	-176.79	-183.32	-182.26	-253.79	-252.23	-260.20	-259.71
珠海	51.08	-10.05	-8.79	-12.47	-12.20	-35.09	-34.69	-38.79	-38.66
汕头	52.21	34.70	40.91	33.85	35.17	-25.58	-23.62	-30.10	-29.50
佛山	102.46	-21.92	-17.70	-23.72	-22.82	-76.38	-75.05	-81.08	-80.67
韶关	35.22	4.84	7.07	3.85	4.33	-21.98	-21.28	-24.49	-24.27
湛江	25.32	96.23	104.09	93.25	94.92	14.33	16.81	7.18	7.94
肇庆	48.52	20.95	24.76	18.91	19.72	-25.11	-23.91	-29.63	-29.26
江门	50.44	5.10	8.22	3.80	4.47	-32.38	-31.40	-35.65	-35.35
茂名	59.13	49.44	57.00	47.87	49.48	-25.18	-22.79	-31.07	-30.33
惠州	72.80	0.46	4.29	-0.98	-0.16	-49.46	-48.25	-53.54	-53.17
梅州	49.43	8.33	12.20	7.26	8.09	-31.09	-29.87	-34.29	-33.92
汕尾	25.86	15.30	18.57	15.32	16.02	-13.69	-12.66	-15.75	-15.43
河源	34.64	8.55	11.16	7.82	8.38	-21.05	-20.22	-23.39	-23.14
阳江	24.90	6.22	8.26	5.86	6.30	-15.25	-14.61	-16.92	-16.72
清远	44.43	2.06	4.97	1.40	2.02	-29.90	-28.98	-32.41	-32.13
东莞	113.59	-22.47	-18.76	-23.97	-23.18	-84.4	-83.23	-89.80	-89.44
中山	66.10	-26.28	-24.25	-26.88	-26.45	-53.25	-52.61	-55.74	-55.54

（续上表）

地级市	2014 年实际教育财政支出	以各级教育生均公共财政预算教育事业费为标准计算的地级市教育财政缺口				以各级教育生均公共财政预算教育公用经费为标准计算的地级市教育财政缺口			
		全国生均经费标准		广东省生均经费标准		全国生均经费标准		广东省生均经费标准	
		高中生均经费支出	初中生均经费支出	高中生均经费支出	初中生均经费支出	高中生均经费支出	初中生均经费支出	高中生均经费支出	初中生均经费支出
潮州	22.13	13.32	15.74	12.77	13.29	-10.92	-10.16	-12.92	-12.69
揭阳	46.67	390.60	397.01	391.30	392.67	82.38	84.41	60.76	61.39
云浮	24.97	12.60	14.75	11.64	12.10	-12.72	-12.05	-14.86	-14.65
省内教育财政缺口合计		447.90	531.68	405.64	423.52	-856.48	-830.06	-976.25	-968.10

根据表4-6，如按照全国生均经费标准来看，广东省深圳、珠海、佛山、东莞和中山5个地级市没有教育财政缺口。而按照广东省生均经费标准来看，揭阳和湛江两个地级市的教育财政缺口较大。

结合表4-5和表4-6的分析可知，在充分权衡省内总体财政能力的实际状况、地方经济和教育事业发展水平的情况下，可以分阶段调节不同地区的教育财源比例，分步骤实施补助，最终实现教育总缺口的完全弥补。

4.1.4　实证估测的结论

本书利用2008—2014年广东省21个地级市的教育财政数据及2014年全国生均经费数据，在确定各地区教育财源比例的基础上估算了省内各地级市政府教育财政缺口。研究发现：①以教育财政支出占GDP 4%的比例为标准设定省内21个地级市教育财源比例时，省内存在教育财政缺口的地级市有韶关、肇庆、惠州、梅州、河源、清远、揭阳和云浮8个地区。②在以教育财政支出占本级财政支出25%为标准设定省内21个地级市教育财源比例时，省内仅有珠海和揭阳2个地区存在教育财政缺口。③以广东省2014年各地级市教育财政实际投入为测算标准，广东省在全国生均经费标准下的教育财政缺口的区间为（405.64，531.68）亿元，且省内除深圳、珠海、佛山、东莞和中山外，其他16个地级市均存在教育财政缺口；在广东省生均经费标准下，省级层面合计上不存在教育财政缺口，但湛江和揭阳成为存在教育财政缺口的地级市。

4.2 广东省教育财政保障水平的问题

4.2.1 广东省内各地义务教育水平不均衡

长期以来，广东省的教育发展状态属于典型的极不均衡，珠三角地区非常发达，粤西、粤东山区的教育发展则相对滞后，城乡教育和区域教育不均衡问题格外突出。2014年12月21日至25日，全国义务教育发展基本均衡县督导检查组分14个小组对广东省13个市的41个申报全国义务教育发展基本均衡县（区）的县（区）进行督导检查，指出广东省教育不均衡的情况主要表现在以下几方面：

一是个别县（市、区）义务教育经费未做到“三个增长”①。近三年来，广州市南沙区、珠海市斗门区、鹤山市、开平市、梅州市梅江区、连州市、揭阳市揭东区等地区个别年份存在“三个增长”不达标的现象，尽管通过督导检查已基本补齐，但仍然缺乏保障义务教育经费增长的长效机制。

二是部分县（市、区）义务教育学校标准化建设还存在薄弱环节。在实地检查中发现，增城市，从化市，珠海市金湾区，汕头市金平区，韶关市始兴县，湛江市赤坎区，台山市，恩平市，高要市，四会市，惠州市惠阳区、博罗县、惠东县、蕉岭县，清远佛冈县、连南县部分学校生均校舍建筑面积或生均体育活动场地未达标。深圳市福田区、罗湖区，汕头市龙湖区，江门市蓬江区、新会区、江海区，湛江市霞山区，肇庆市端州区、鼎湖区、广宁县，梅州市梅县区，阳江市江城区等部分城镇学校存在大班现象。

三是部分县（市、区）教师结构不合理。在检查中发现，湛江市坡头区，肇庆市德庆县，惠州市龙门县，梅州市平远县，清远市连山县、阳山县部分农村学校教师年龄结构不合理，音乐、体育、美术等学科专业教师数量不足，存在结构性缺编。教师资源配置方面的问题较为突出。

从第三章对广东省各地级市教育财政保障水平的比较中，也可以明显看出广东省教育财政支出存在分化趋势。从数据分布的情况上看，深圳的教育财政支出绝对规模和增长速度在省内都是第一位的，广州的教育财政支出规模在2014年出现下降趋势，但相对于其他地级市仍保持着绝对优势，佛山和东莞的教育财政支出规模较为一致，

① “三个增长”是指各级政府教育财政拨款的增长要高于同级财政经常性收入的增长；生均教育经费逐步增长；教师工资和学生人均公用经费逐步增长。

与广东省的平均水平持平，除此以外的其他城市主要是分布在粤北、粤东和粤西，教育财政支出规模普遍偏低，多年来增长速度较为缓慢。

4.2.2 广东省生均拨款结构失衡

“十二五”期间，广东省2011年用于生均定额拨款的标准资金是40.5亿元，到2014年底达到79.5亿元，几乎翻倍。2014年广东省全省生均拨款水平为17 300元，特别是从2013年开始，广东省实施高水平大学建设后，省内的几所高水平大学的生均拨款水平已经超过24 000元。而省属本科高校则是从2015年起，生均定额拨款标准提高900元，达到每生每年10 000元，生均拨款水平尚不足高水平大学的一半。甚至有高职教育从2008年起才开始有生均拨款；2014年高职院校的生均拨款是4 300元，2015年是5 000元。可见，对于普通高校的财政保障力度偏弱，不利于它们的正常发展。

此外，我们选取浙江省和江苏省作为横向比较省份，考察广东省在2013年和2014年各级教育生均拨款中是否存在结构失衡的情况（如图4-1所示）。我们发现，广东省的各级教育生均拨款都相近但略低于全国平均水平。而与同为经济较发达省份的浙江省和江苏省相比，广东省在任何一级教育中的生均拨款几乎都远低于这两个省份。其中，普通初中和普通高中的差距最为明显。相对于高水平大学的生均拨款水平高达24 000元，广东省其他各级教育明显存在生均拨款过低，财政分配结构失衡的问题。

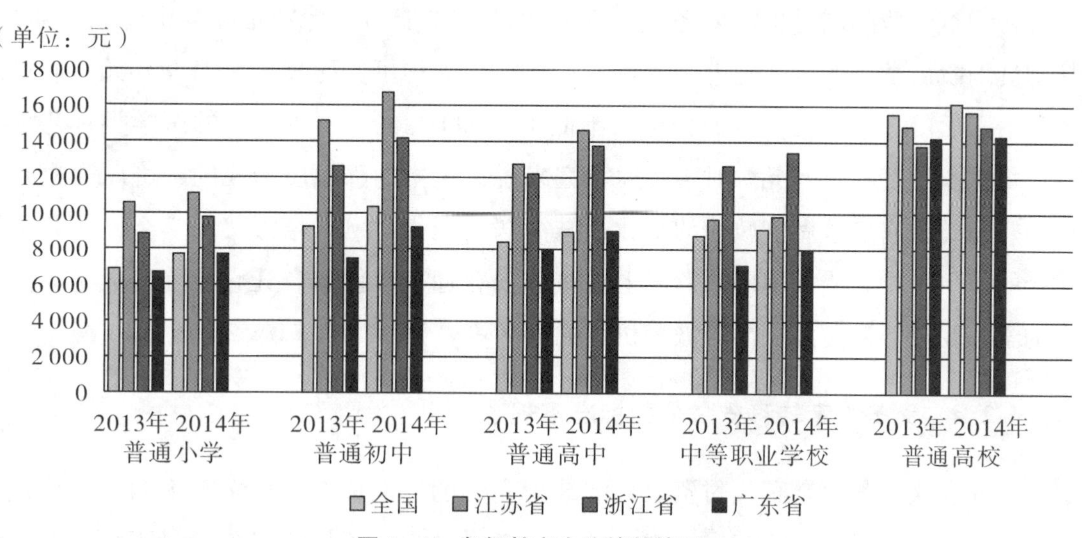

图4-1 各级教育生均拨款情况

目前，全国各地都在争相加快义务教育的发展步伐，广东省的进展速度较缓，这与其经济实力有一定差距，广东省还有更多的挖潜空间。

4.2.3 广东省高等教育学费标准偏低

全国每年 GDP 增长率都在 9% 以上，虽然国家对高等教育的投入确实在增长，但是政府投入与学校和学生的增长幅度并不相称。这导致了从 1999 年扩招以来，学费收入成了广东省普通高校经费来源的主要部分。根据核算结果，2012—2014 年广东省高等教育生均培养成本已呈总体上升的趋势，而学费却维持了 2000 年制定的标准，这在一定程度上制约了广东省高等教育事业的改革发展。高校的经济来源一般有学费、校办企业所得利润、国家财政拨款和社会捐赠 4 个方面。对于部属院校或重点高校来说，后三个方面的来源非常充足，而对于普通高校来说，经费大多依赖学费和国家财政拨款。因此，高校学费偏低对广东省普通高校的影响更为严重。

2012 年，国家关于稳定学校收费标准的政策到期，部分省份随之调整了学校收费标准。2013 年秋季开始，湖南规定“211”高校所有专业都按照最高学费标准收取，非“211”一本院校部分专业的学费每学年上涨 700 元到 2 000 元不等。天津则举行了普通高校本科学费标准听证会，平均每位本科生每学年学费上涨 1 264 元。广东省的学费调整在 2016 年初才开始推行，而且除高职院校文科类上涨 750 元以外，其他专业的学费涨幅均在 1 000 元左右，相比其他省份，调整时间晚，调整幅度小。基于目前广东省的各项办学成本逐年攀升的情况，学费整体仍处于偏低水平。

在调整学费的同时也需要考虑教育对象的接受能力，特别是社会中低收入阶层、特别贫困阶层学生的承受能力。2015 年全国居民人均可支配收入为 21 966 元，而目前各省上涨后的高校学费，很少有每学年低于 5 000 元的，不少高校的医学类、艺术类专业每学年学费超过万元。对于普通家庭来说，这样的涨幅所造成的经济压力也是不小的。因此政府应该做好政策的细化，减少居民压力。例如增加奖助学金，尤其是助学金的比例，扩大受益范围。财政上更多地向普通高校倾斜，让它们降低成本，使更多的学生受惠，避免加剧高等教育机会的不平等。

4.2.4 义务教育转移支付分配标准不规范

首先，义务教育转移支付资金分配缺少充分的标准依据，科学完善的计算公式和测算方法还没有真正建立起来。现行的转移支付测算，还是按照“存量不动，增量调节”的原则，大多采用基数法计算义务教育转移支付的资金数额。在具体的义务教育转移支付资金分配过程中，也是仅仅参照学生人数及当地财力情况等几项因素，各级未建立客观公正的资金分配办法。有时甚至仅凭拨付者的主观判断，影响了义务教育转移支付资金分配的科学性和使用的有效性。

其次，义务教育转移支付采取的形式比较单一。从转移支付形式看，专项转移支付分为无限额配套补助、限额配套补助、非配套补助三种形式，其目的是通过差别对待的方式解决义务教育发展中亟待解决的问题。而目前通用的实际做法是多数专项义务教育转移支付仅采取限额配套补助的单一形式，接受补助的地方政府必须配套一定比例的款项才能得到上级政府的资金。结果导致一方面，市县级财政资金配套的压力较大；另一方面，市县级只好被动买单，按照上级要求的一定比例对项目进行资金配套，如果上级资金分配不合理，那么下级只能无奈地扩大这种不合理，降低了转移支付资金的财政均衡效果。同时，我国目前的义务教育转移支付主要用于资助贫困地区的重大工程及项目，一般总量不多而且多为临时性或一次性投入，持续性发展动力不足。

4.2.5 专项资金分配与管理不科学

专项资金在发挥其作用的同时，也存在着项目支出进度慢、拨款基数固化、使用分散、效益不高等问题，致使教育财政保障资金闲置，大量资金重复使用也造成了资源浪费和重复投入。一些地方和部门还存在“重预算轻管理、重分配轻监督、重使用轻效益”的现象，影响了各级政府决策的有效落实。同时，专项资金的来源、去向及效益越来越受到全社会的关注，其预算编制、执行、检查结果的公开，是一个必然趋势，这也在倒逼着预算管理、审批制度、决策机制等方面的改革和创新。因此，加快专项资金管理改革，是加快财政支出进度的必然要求，是集中财力办大事的必然要求，是提高资金使用效益的必然要求，是推进阳光政府建设的必然要求。

第一，专项资金沉淀现象严重。拨付地方的部分专项资金层层结存，致使财政资金闲置，造成资源的巨大浪费。广东省人大财经委在对广东省结转结余情况进行调研时发现，财政拨给各部门的使用经费基本上没有太多结余，结转结余资金大多是专项资金，仅广东省文化厅及下属单位闲置的专项资金就达到 7 418.5 万元。

第二，专项资金占比较大，限制了基层政府的自主性。财政专项资金往往限定资金用途，比如 2012 年的公共财政预算收入中有近 5% 规定了专项用途，不能统筹安排使用。专项资金多了，给各级政府自由安排财力的可能性就小了。广东省省级专项转移支付占省级财政转移支付的比重为 64.3%。

第三，专项资金零星分散，管理不够完善。一是专项资金项目多头安排、投资现象严重，资金分配过于分散，难以起到引导作用。比如由财政部和主管部门切块后分别分配，分配方法和标准均不同，资金使用分散。二是专项资金管理不够完善。专项转移支付中，有尚未制定管理办法的，有因投入市场竞争领域、投向交叉重复等需要清理整合的，有中央转移支付未编入其年初预算的等。

4.3 广东省教育财政保障水平存在问题的原因

4.3.1 各级政府教育财政保障能力差异较大

一方面，各省间的教育财政保障能力差异较大。教育的转移支付是由发达地区上缴财政收入到中央，再由中央转移支付给中西部人口输出地。虽然转移支付应当更多地关注欠发达地区，但财权、事权要统一。广东省是全国人口第一大省，其拥有基数庞大的本地居民和全国各省中规模最大的流动人口。广东省的服务业和加工制造业发达，外来务工人员较多，这使得广东省的义务教育管理具有一定的特殊性，而且给广东省义务教育的普及带来压力。很多中西部地区的孩子来到广东省接受义务教育，而在转移支付中广东省上缴了相应的财政收入，同时又承担了中西部的义务教育责任，造成实际上的“重复转移支付”。

另一方面，省内教育财政保障能力差异较大。教育支出由中央和地方共同负担，而基础教育支出责任则更多地落在地方，由地方各级政府分担。基础教育支出在政府层级上呈现出教育阶段越低级，负担政府越基层的特点。因此，基层政府的财政保障能力直接影响教育的均衡发展情况。广东省城乡之间、四大经济区之间的经济发展水平差距较大，财政保障能力较弱的县市对教育的转移支付补助规模过小，直接致使义务教育转移支付在促进广东省教育公平、推进城乡义务教育均衡发展方面的作用极其有限。义务教育财政支出水平的差距扩大会破坏义务教育机会均等化，这必将导致义务教育发展不均衡，使义务教育财政支出绩效低下。

因此，要促进教育的均衡发展，在推动地区经济发展的同时还要重视经济发展的均衡性，尤其是要缩小强势群体和弱势群体之间的差距，促进广东省各地区协调发展，最终才能有利于广东省义务教育的均衡发展。

4.3.2 各级教育财政保障资金来源差异化较大

推进教育均衡发展，本质上是政府对教育经费在各级各类教育中进行资源再分配的过程，涉及多个利益主体。不同利益主体具有不同的教育需求，各自都有追求自身利益最大化的需求，并且各自的利益需求不可能是简单统一的，而是相互排斥、相互矛盾的。这是因为在一定时期公共教育经费的总量是既定的，对某一利益集体的倾斜势必是以另一利益集体的利益损失为代价的。其中，既得利益主体容易凭借历史积累得来的人脉和发言权，在切割“教育财政蛋糕”时采用更有利于自身的切法。

在广东省政府预算内财政经费分配向薄弱学校倾斜时，优质学校总能寻求到政策优惠获得更多的预算外教育经费，造成校际差距不减反增。朱臻等（2015）对我国教育部直属高校的资金来源进行了全面分析，发现这些高校的资金来源呈现多元化格局（如图4－2所示），尤其是东部地区的教育部直属高校筹措非财政补助收入的能力明显较强。

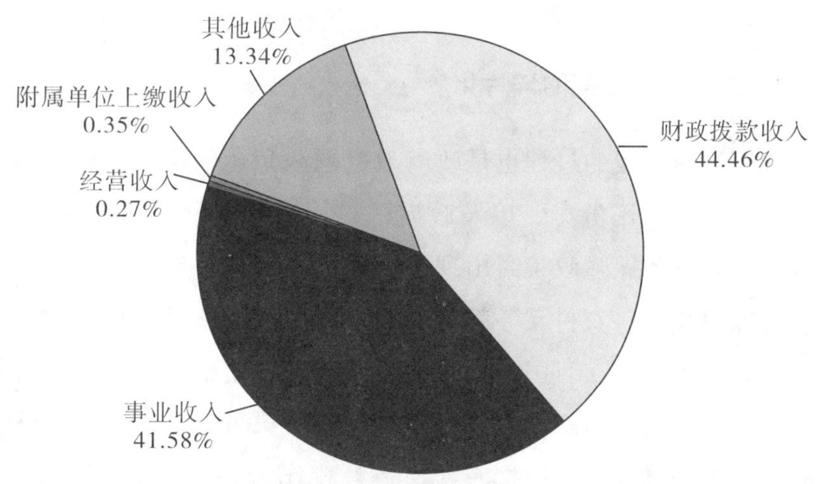

图4－2　教育部直属高校收入结构

由图4－2可知，教育部直属高校收入虽仍倚重国家财政补助资金，但各校非财政补助资金已经成为维持高校收入的重要来源。其中，包括学杂费收入和学校开展科研及辅助活动取得的收入在内的事业收入不容忽视，捐赠收入、投资收入、利息收入等其他收入也是教育部直属高校资金的重要来源。在教育部直属高校内部，资金筹措机制已呈现出了多元化格局。相对来说，普通高校和义务教育学校的资金来源则相对单一，主要依赖于财政拨款和学费收入。因此，如果对各类教育机构采用一视同仁的方式进行财政保障，反而会造成保障结构的失衡。

4.3.3　广东省生均成本连年上升

相关数据显示，生均成本与人均GDP呈显著正相关，而且地方高校生均成本与当地人均 GDP 关系更加密切。也就是说，经济发展水平较高的地区，在教育保障方面的成本较高。这是因为在经济发展水平较高的地区，高校为实现其教学、科研和社会服务功能所需要投入的经济价值也更大，主要包括教职员的工资、教学业务费、仪器设备费、图书资料费、行政管理费、校舍修建费、后勤服务费等。以广东省为例，经济发展速度快伴随着的是科学技术发展较快，因此高校教学内容和方法必须不断更新。教学科研所需要的高新技术设备不断增加，从而导致较高的非人员性经费支出，而且通常越是经济较发达地区，高校的高新技术设备更新越快；同时，教职人员的工资及其他人员经费的支出相应也较高。此外，为加强教师队伍建设，保证教学质量，教师的工作和生活条件也必须根据省内的经济发展水平而不断改善和提高，从而导致教育保障的成本随着经济的发展而递增，进而导致教育保障的成本随地区经济发展水平递增。

4.3.4　教育财政保障政策的碎片化

推进义务教育均衡发展的过程也是政府教育财政角色转型的关键时期。但由于在转型初期制度的不完善、不健全，以及政府信息不对称、利益格局调整困难等原因，政府在逐步构建教育财政保障政策时出现了碎片化现象。

第一，教育保障政策对农村义务教育的规定不完善。我国于 1986 年颁布实施义务教育法，由于当时义务教育在我国尚处于探索阶段，制定的义务教育法在许多方面还不够科学和完善。在该法多达八十四条规定中，仅有第五十七条和第五十九条提到了农村的义务教育发展问题，但没有把农村义务教育作为关注和扶持的对象。其中，第五十七条规定，各级税务机关可征收教育附加费用于本地区的义务教育事业，农村的教育附加费由乡级人民政府负责收取，用于农村的义务教育发展建设。第五十九条规定，乡级人民政府可经县级政府的批准集资办学，所筹集的资金用于义务教育学校的基础设施建设。虽然这两条规定提出了农村义务教育的发展问题，但是根本没有建立相关的体制来支持农村义务教育的发展，这两条规定在一定程度上脱离了当时中国社会的实际，没有起到充分保障农村人民受教育权利的作用。

第二，教育保障政策缺乏均衡意识。我国农村经济基础相对薄弱，农民增收乏力，地方政府财政能力有限，尤其是乡一级地方政府的财政实力更加匮乏，通过法律的形式规定农村义务教育经费由乡村来负担，这本身就是极不合理的，使农村人口不能像城市人口那样平等享有国家提供的义务教育机会。这种明显倾向于城市义务教育的法律，更进一步加剧了城乡之间在义务教育投入上的差距，使得城市义务教育越来越良性发展，而农村义务教育发展举步维艰。而且由于早期制定的法律不完善，没有考虑到农村低下的财政能力，致使城乡间义务教育财政投入出现不均衡。虽然2006年新义务教育法进行了一系列的调整和完善，但义务教育法律法规仍未形成系统的体系，而这也正是造成义务教育发展不协调的一个重要原因。

第三，教育保障政策的临时性法规制定随意且缺乏监督。我国义务教育财政的投入和支出更多地依靠规范性文件来指导，如公用经费管理办法、专项资金支付管理办法、农民工子女义务教育奖励办法、校舍维修基金管理规定等，每年各级教育主管部门出台的这类文件政策不胜枚举，但属于“法律”范畴的还不多。虽然大量存在的政策文件和行政法规起着补充法律不足的作用，却难以形成普遍的行为规范和约束机制。同时，教育资金缺乏有效的监督。义务教育专项资金主要是一些临时性的项目拨款，在拨付过程中，由于涉及的单位较多、项目较复杂，而管理上又缺乏规范化、制度化，使义务教育专项资金的拨付和使用缺乏有效的监督。如专项资金中的基建费用需要学校及教育主管部门向计划部门申请，这种方式本身就使义务教育经费的分配具有了协商的性质，其中难免涉及一些人为因素。城市中一些教育条件比较好的传统名牌学校可凭借其本身优势申请到更多的专项经费，而一些偏远地区的农村学校可能不会得到相关部门的重视，因此只能得到很少甚至得不到义务教育经费的支持。

5 国内各省市教育财政保障水平的比较与国外经验借鉴

5.1 广东省教育财政保障水平与国内相关省份比较

5.1.1 绝对规模

作为经济与教育大省，近年来广东省着力实施教育争先创强战略，高度重视增加财政教育投入，使得教育经费保障机制不断完善，教育财政支出持续增长，各类口径的教育投入规模均位居全国首位（见表 5 - 1）。2011—2014 年，广东省累计实现公共财政教育支出总量6 140.4 亿元，和全国排名前五的其他省份相比，是江苏的1.18 倍，山东的1.17 倍，河南的1.47 倍以及四川的1.6 倍。

与总量指标优势地位形成鲜明对比的是，广东省在生均教育财政资源方面长期居于弱势。表 5 - 2 中的数据显示，从各级学校生均教育事业费支出来看，广东省不仅大幅落后于优质教育资源集中的京津沪地区、享有财政倾斜待遇的少数民族省份，而且与江苏省、浙江省等经济体量相当的沿海省份相比也有较大差距。2014 年，广东省除普通小学的生均教育事业费（7 738.6 元）略微高于全国平均水平（7 681 元）外，其余各级学校的生均教育事业费均未达到全国平均水平，最低为中等职业学校（7 996.6 元），仅为全国平均水平（9 128.8 元）的 87.6%。

表 5 - 1 分类口径测度下我国教育投入规模排名前五位的省份

（单位：亿元）

地区	教育经费（2013）	地区	财政性教育经费（2013）	地区	公共财政教育支出（2014）
广东	2 477.6	广东	1 850.6	广东	1 779.5
江苏	1 986.3	江苏	1 576.6	江苏	1 485.2

（续上表）

地区	教育经费（2013）	地区	财政性教育经费（2013）	地区	公共财政教育支出（2014）
山东	1 779.6	山东	1 499.6	山东	1 460.2
河南	1 557.7	河南	1 265.1	河南	1 097.6
浙江	1 449.0	四川	1 122.6	四川	1 051.4

数据来源：各地区教育经费与财政性教育经费数据来自 Wind 资讯；公共财政教育支出数据来自《2014 年全国教育经费执行情况统计表》。

表 5－2　2014 年各级学校生均教育事业费的地区间比较

（单位：元）

普通小学	地区	北京	上海	西藏	天津	新疆	全国	广东
	支出	23 441.8	19 519.9	17 905.9	17 233.9	11 292.2	7 681	7 738.6
普通初中	地区	北京	天津	上海	江苏	西藏	全国	广东
	支出	36 507.2	26 956.4	25 456.6	16 690.4	16 631.7	10 359	9 264.1
普通高中	地区	北京	上海	天津	西藏	江苏	全国	广东
	支出	40 748.3	30 819.1	30 090.1	20 187.2	14 642.1	9 025	8 980
中等职业学校	地区	北京	天津	上海	吉林	浙江	全国	广东
	支出	28 765.5	22 753.1	20 710.2	15 439.9	13 456.1	9 128.8	7 996.6
普通高校	地区	北京	上海	西藏	天津	宁夏	全国	广东
	支出	58 548.4	27 111.7	22 715.0	18 668.0	17 948.3	16 103	14 361.7

数据来源：《2014 年全国教育经费执行情况统计表》。

5.1.2　相对规模

通过观察各类相对规模指标，可发现 2013 年广东省教育经费总额中的 74.7% 来源于财政性教育经费，低于全国平均水平的 80.6%（如图 5－1 所示）；2014 年，广东省公共财政教育支出占财政支出的 19.4%，位居全国第三，仅次于山东省的 20.3% 以及浙江省的 19.7%（如图 5－2 所示）。上述数据说明，广东省教育财政保障水平在以财政规模为基准测算的情况下居于全国领先位置，但就教育经费总体规模而言，公共财政教育支出对教育的保障力度仍显不足。更值得关注的是，2013 年广东省财政性教育经费占地区生产总值比重为 3.0%，低于全国 4.3% 的平均水平（如图 5－3 所示），这与当前加快转型升级、建设教育强省与人力资源强省的要求相比，与全国先进省区市相比，还存在相当大的差距。①

当前，我国宏观经济进入由高速增长转向中高速增长的新常态，财政收入中低速增长也将常态化，财政收支矛盾呈加剧趋势。十八届三中全会提出清理规范重点支出同财政收支增幅或生产总值挂钩事项，一般不再采取挂钩方式；国务院《关于深化预算管理制度改革的决定》再次表明这一态度。教育作为与财政收支增幅或与生产总值挂钩的七类重点支出中占比最大的一类，如何进一步优化其相对规模，成为广东省全面深化教育改革、促进教育发展面临的现实问题。

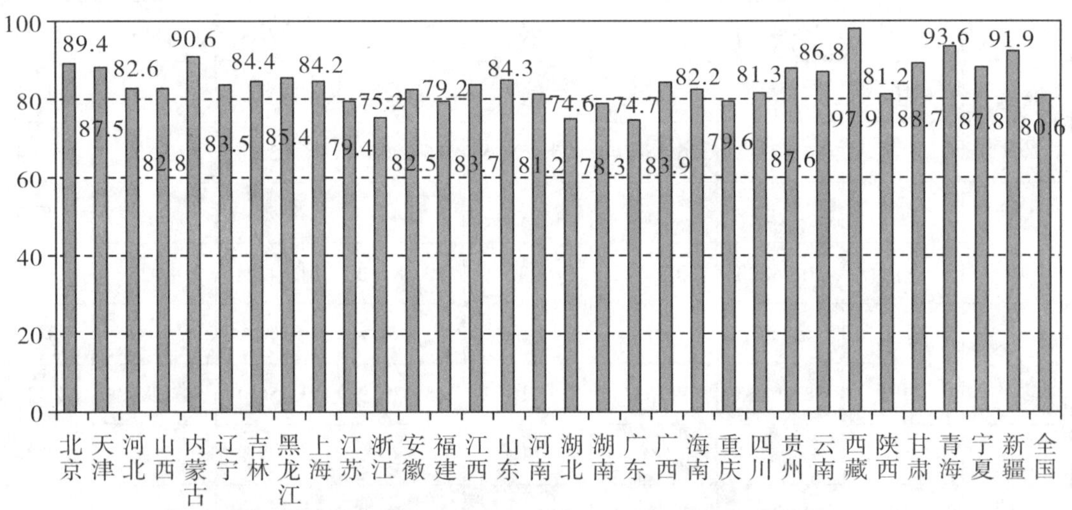

图 5－1　2013 年分地区财政性教育经费占教育经费总额的比重

数据来源：Wind 资讯。

① 1993 年颁布的《中国教育改革和发展纲要》提出，要在 20 世纪末实现财政性教育经费占国内生产总值比重达到 4% 的目标，但未能完成；2010 年，《国家中长期教育改革和发展规划纲要（2010—2020 年）》重申了进一步提高国家财政性教育经费占国内生产总值比例的目标，并最终在 2012 年得以实现。

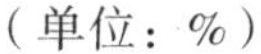

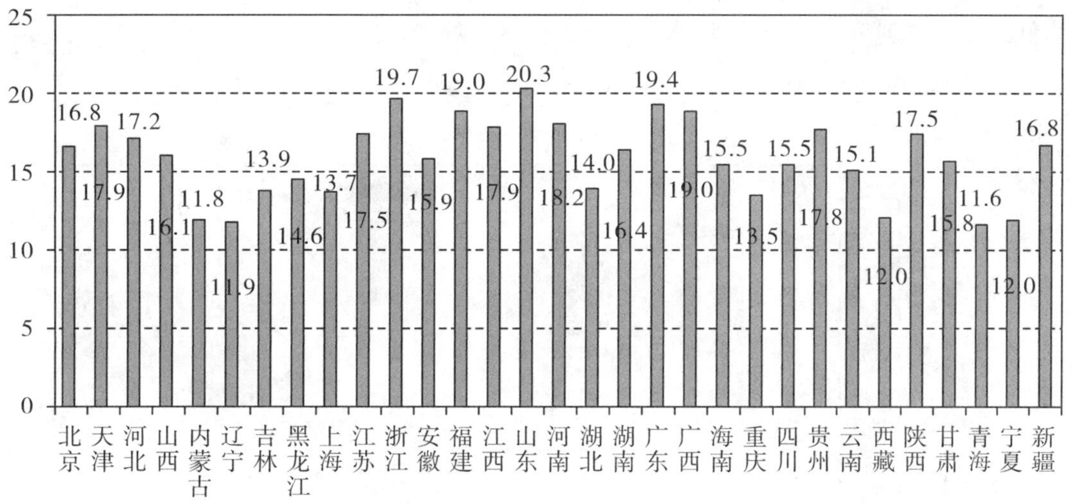

图 5－2　2014 年分地区公共财政教育支出占财政支出比重

数据来源：《2014 年全国教育经费执行情况统计表》。

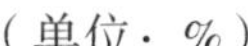

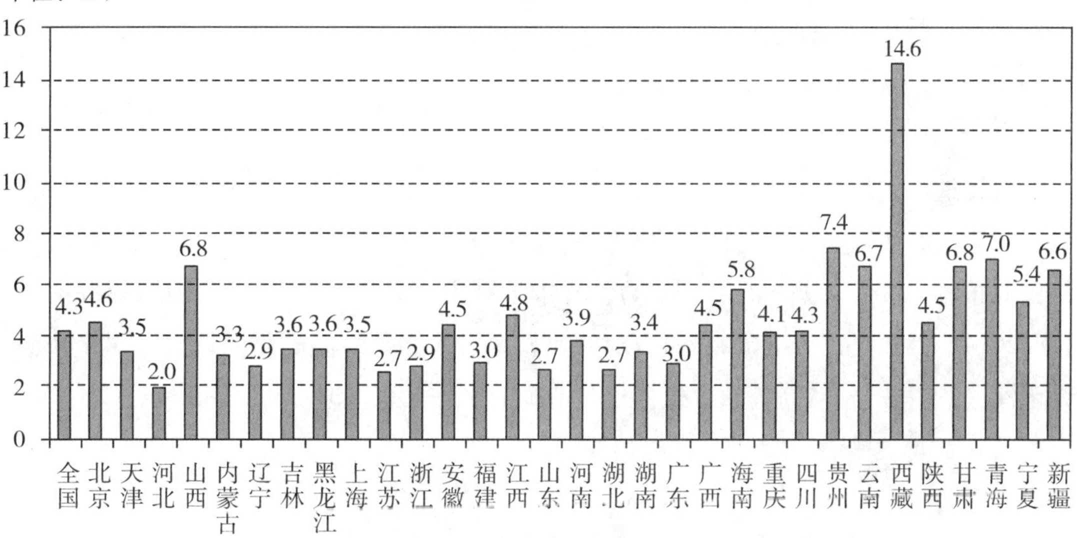

图 5－3　2013 年分地区财政性教育经费占地区生产总值比重

数据来源：《2013 年全国教育经费执行情况统计表》及《中国统计年鉴（2014）》。

5.1.3　支出结构

从各地区公共财政教育支出的类别构成来看，2013 年广东教育事业费拨款占公共财政教育支出的 87.4%，低于 89.2% 的全国平均水平；基本建设拨款比重为 2.6%，仍低于2.7%的全国平均水平，约为北京的65%，不足上海的50%；科研拨款比重依然低于京津沪地区与全国平均水平（如图5-4所示）。

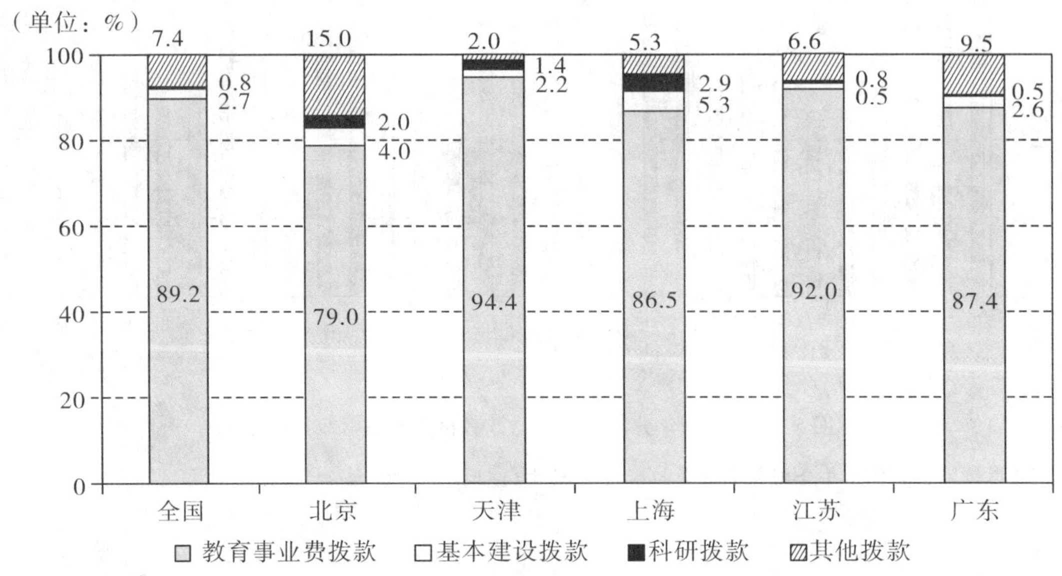

图5-4　2013年各地区公共财政教育经费的支出类别构成

数据来源：《中国教育经费统计年鉴》（2014）。

从各地区生均公共财政教育支出的教育级次构成中可知，2014年广东省对基础教育、职业教育和高等教育的投入比例分别为53.7%、16.5%和29.7%，与北京及全国的结构分布较为接近（如图5-5所示）。样本地区中，对基础教育投入比重最高的是天津（64.2%），其次是江苏（62.4%）；对职业教育投入比重最高的是浙江（20.4%），其次是天津（19.7%）；对高等教育投入比重最高的则是北京（31.1%）和广东（29.7%）。

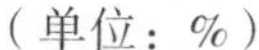

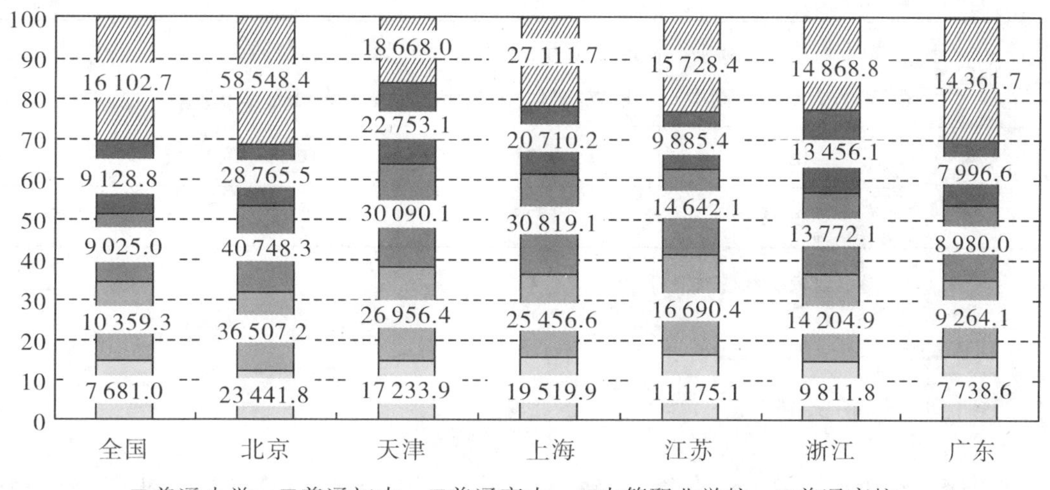

图 5－5　2014 年各地区生均公共财政教育支出的教育级次构成

数据来源：《2014 年全国教育经费执行情况统计表》。

就各地区各级教育生均公共财政教育投入的城乡结构而言，即使不考虑高等教育阶段，2013 年广东省教育投入的城乡差异依然显著高于其他样本地区和全国的平均水平（如表 5－3 所示）。其中，地方城市幼儿园的生均公共财政预算教育投入为地方农村地区幼儿园的 2.30 倍，高于全国平均水平（1.47 倍）；普通高中和普通初中的城乡生均公共财政预算教育投入比分别为 1.38 和 1.26，相应的全国平均水平为 1.14 和 1.01；小学阶段的城乡差异（1.15）为各级教育中最小，但依然高于全国平均水平（1.01）。

表 5－3　2013 年各地区各级教育生均公共财政预算教育投入的城乡对比

地区	地方城市普通高中/地方农村普通高中	地方城市普通初中/地方农村普通初中	地方城市普通小学/地方农村普通小学	地方城市幼儿园/地方农村幼儿园
全国	1.14	1.01	1.01	1.47
北京	1.01	0.73	0.91	0.97
天津	0.96	1.05	1.08	1.93
上海	1.19	1.18	1.19	0.96
江苏	1.18	0.90	0.96	1.31

（续上表）

地区	地方城市普通高中/地方农村普通高中	地方城市普通初中/地方农村普通初中	地方城市普通小学/地方农村普通小学	地方城市幼儿园/地方农村幼儿园
浙江	1.33	0.98	0.98	1.26
广东	1.38	1.26	1.15	2.30

数据来源：《中国教育经费统计年鉴》(2014)。

5.1.4　增长速度

2005 至 2014 年间，广东省各级教育的生均公共财政预算教育事业费支出呈现持续增长态势，但除了普通小学以外，其余教育阶段支出的年均增速都低于全国平均水平（见表 5－4）。在考察期内滞后最多的为中等职业学校，较全国平均水平低了近 50%；普通初中阶段的支出增速与全国平均水平的差距相对较小，但也低了 1/6 左右。

另外，根据《中华人民共和国教育法》及《国家中长期教育改革和发展规划纲要（2010—2020 年）》，各级人民政府公共财政教育支出的增长应当高于财政经常性收入的增长。如图 5－6 所示，2005 至 2014 年间，平均来看，广东省公共财政教育支出增速比财政经常性收入增速高 2.24 百分点，这一幅度虽低于山东，但要好于北京、上海和江苏等省市。近年来情况有所变化，2013 年数据显示，全国 31 个省、自治区和直辖市中仅有 6 个达标，分别为北京、天津、浙江、西藏、新疆和广东，大多数地方政府在落实教育经费保障的法定责任上并没有到位。而在 2014 年，广东省也开始出现公共财政教育支出增速低于财政经常性收入增速的现象，前者较后者低 2.45 百分点；在上海，这一差距更是拉大到了 9.62 百分点。

表 5－4　2005—2014 年生均公共财政预算教育事业费年均增速的地区间比较

（单位:%）

普通小学	地区	陕西	四川	重庆	贵州	甘肃	全国	广东
	增速	28.2	27.5	26.5	25.4	24.6	21.5	21.9
普通初中	地区	陕西	安徽	湖北	四川	江苏	全国	广东
	增速	31.5	29.1	29.1	28.9	27.9	24.0	19.9

（续上表）

普通高中	地区	陕西	江西	湖北	北京	江苏	全国	广东
	增速	25.4	25.2	24.1	22.4	22.3	18.5	12.1
中等职业学校	地区	湖北	吉林	安徽	四川	天津	全国	广东
	增速	25.4	24.4	24.3	23.7	23.0	18.5	9.6
普通高校	地区	江西	宁夏	四川	内蒙古	湖南	全国	广东
	增速	21.5	21.3	21.1	20.4	18.5	13.0	7.4

数据来源：根据历年《全国教育经费执行情况统计表》整理计算得出。

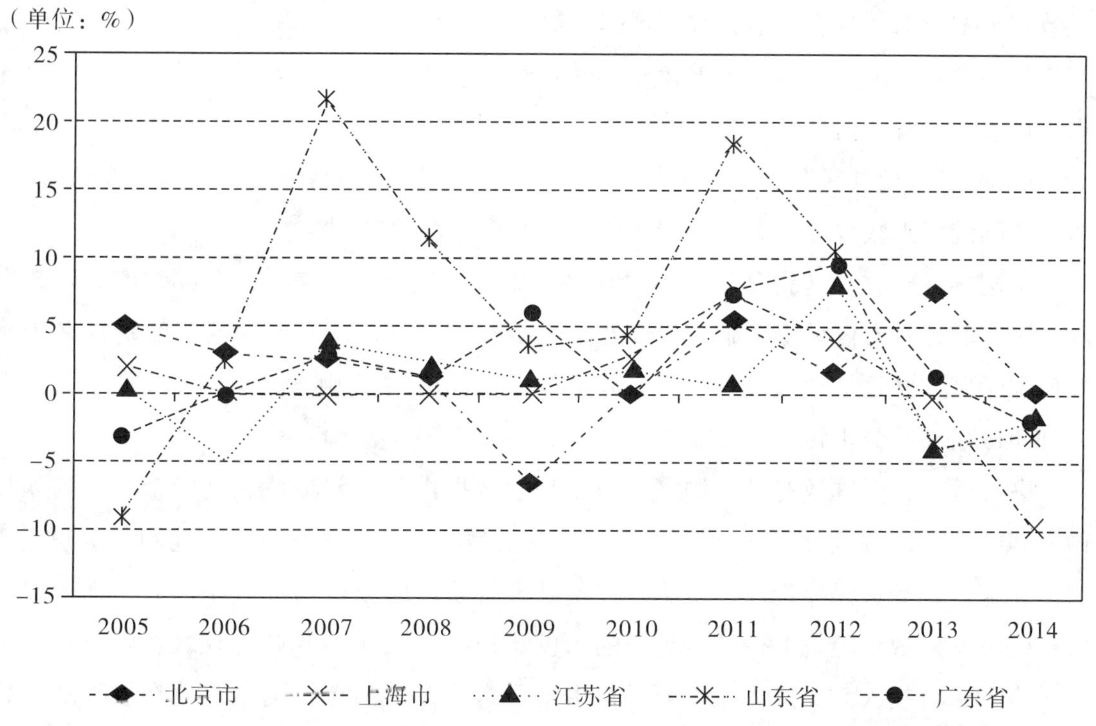

图5－6　2005—2014年各地区公共财政教育支出与财政经常性收入增长幅度比较

数据来源：根据历年《全国教育经费执行情况统计表》整理计算得出。

综上所述，第一，广东省教育财政保障在总量规模上位居全国领先地位，但在生均指标上却大幅落后于先进地区和全国平均水平。第二，若以财政规模为基准，广东省教育财政的相对规模排位靠前，但从教育经费总体规模来看则并不突出，特别是教育财政支出占地区生产总值比重依然偏低。第三，与其他地区相比，广东省教育财政支出结构具有类别构成不合理、城乡差异大的特征。第四，虽然考察期内广东省教育财政支出增幅明显，但从较长的时期内观察，各个教育级次的支出增速却并未达到全国平均水平。而在财政收支矛盾加剧的新常态背景下，2014 年广东省公共财政教育支出增速开始低于财政经常性收入增速，差额居全国中等水平。

5.2 发达国家的教育财政保障体系

5.2.1 美国的教育财政保障机制

美国是一个联邦制国家，其行政层次可划分为联邦政府、州政府、地方政府，受地方分权制的政治经济体制的影响，它实行的是地方分权制的教育行政体制。即教育财政支出主要由州政府和地方政府承担。美国的教育财政支出占 GDP 的比重达到8%，其最初的教育支出主要用于基础教育，随着经济的快速发展，美国逐渐把教育支出的重点从基础教育转向高等教育。

1. 美国基础教育财政保障机制

美国的基础教育经费主要由州政府和学区承担。

美国的基础教育（指公立中小学）经费主要有三个来源渠道：联邦政府、州政府和学区。联邦政府仅承担基础教育经费的极少比例，基础教育经费的主要责任在于州政府和学区，并且基础教育经费的来源从 20 世纪初的主要由学区承担逐步向主要由学区和州政府共同分担转变。

联邦政府为促进教育机会均等，向州和学区提供某些专项拨款补助金。美国联邦政府 2014 年教育财政预算很大一部分用于学前教育和基础教育就很好地阐释了联邦政府的义务教育经费保障责任，虽然其在基础教育阶段的投资力度较小，但联邦政府确实在保障基础教育经费上扮演着重要的角色。2014 年美国联邦政府在教育财政预算中明确表示，将投入 712 亿美元作为可自由支配资金，依旧把投资重点放在加强幼儿教育和基础教育改革上。预算还指出，2014 年度投入 13 亿美元强制性资金用于全面普及学前教育（未来 10 年内投入 750 亿美元），保障 4 岁以下儿童能够接受全日制幼儿教育和高质量的早期学习方案。7.5 亿美元资金竞争性地授予“学前发展助学金”计划，帮助各州提高打造高质量学前教育的能力。4.627 亿美元投资于《残疾人教育法案》（IDEA）中所述的“婴儿与家庭补助金”项目，帮助各州为所有符合条件的残疾儿童及其家庭提供早期干预服务。3.726 亿美元用于资助《残疾人教育法案》中所述的“学前教育补助金”项目，帮助各州尽量在自由的环境中为所有 3～5 岁的残疾儿童提供免费的、适当的学前教育。这些都无疑表明了美国联邦政府在各州全面普及学前教育的决心。除此之外，美国联邦政府还计划将30亿美元用于新的“卓越教育团队”项目、1.9亿美元用于“总统教学研究生”计划、13亿美元用于“21世纪社区学习中心”计划等，以提高基础教育的教学水平与学习效果。

州政府则负责承担管辖区内各学区的基本经费，并向学区提供补助金。州政府是基础教育经费投入和管理的主体，30年来，美国的基础教育多依靠州政府的基础教育经费投入来实现，其比重可占到总投入量的一半，因此，州政府在基础教育经费投入方面的重要性不言而喻。

学区是公立学校设置者，通过本学区内征收的税款来负责实际的教育经费。地方学区主管着美国的基础教育，主要由州政府授权管理。目前地方学区的基础教育经费保障责任主要包括：编制预算；征收居民财产税以用作教育经费；维修管理校舍、购买教材教具、为学生提供交通工具；监督教育经费的使用等。由此，州政府通过授权地方学区对中小学教育经费的管理并予以财政补助，使地方学区成为州政府的小型代理机构，逐渐增强了地方学区在基础教育上的影响力，也使得地方学区的职能和责任无可替代。

由此可见，虽然美国基础教育的行政和法律责任在各州和学区，联邦政府不直接参与管理，只是提供政策指导，起服务性质的作用，但联邦政府可通过财政补贴等形式，运用宏观调控手段来整体把握各州和学区基础教育的发展方向，从而调整各州和学区的教育体制，引导它们往更完善、更公平的方向发展。

2. 美国高等教育财政保障机制

美国高等教育财政保障机制属于多元参与模式。此模式是指高等教育财政由政府提供的经费和社会市场提供的经费来多方面保障。高等教育的法定支出责任在州政府，州政府负担的高等教育财政支出比例比联邦政府高，学区负担的高等教育财政支出比例最低。

虽然联邦政府在高等教育财政支出上所占的比例不高（大约占高等教育经费总额的12%），但事实上，联邦政府已经通过立法拨款、科研拨款、资助学生等方式，成为美国高等教育发展的主要推动力。其中对高校的科研资助主要体现在为高校提供科研项目拨款、限制性的与非限制性的补助与合同拨款，以及为重要的联邦研发中心提供拨款。联邦科研拨款还包括为承担科研项目的高校提供科研间接成本资助。自20世纪80年代以来，联邦政府仍然是美国高等教育科研经费的主要来源，但实际上自70年代开始，高等教育科研资助结构已经发生了变化，企业对高校科研项目的资助比重逐渐上升，联邦政府的资助力量相对减弱。此外，联邦政府通过转移支付的方式为州和地方政府提供联邦补助金。联邦政府还通过助学金和助学贷款等方式资助高校学生，其中帕金斯助学贷款方案是一项由联邦政府提供给经济状况最差的本科生和研究生的低息贷款。帕金斯助学贷款方案还款期限为10年，利率为5%，学生在校期间，利息由联邦政府支付，学生自毕业后第10个月开始偿还。此外，美国的助学贷款还实行弹性化的还款方式，偿还方式多种多样，且期限较长。

州政府对本州高等教育具有广泛的管辖权，为本州公立高校提供40%～60%的教育经费。州政府的主要资助对象是本州内的公立高等教育机构，对非公立高等教育机构的资助则相对较少。州政府不仅为公立高校提供经常性经费拨款，还为其提供限制性或非限制性的补助与合同拨款，同时还负责资助部分学生。州政府以资助公立高校为主，资助学生为辅，并在必要时向地方政府提供财政补贴。

地方政府通过接受民间捐款的方式增加对高校和社区学院的补助经费，该经费由州政府分配预算总额，由高校自主决定其使用途径。

5.2.2 日本的教育财政保障机制

日本实行中央与地方分权的教育行政体制，即一国政府教育公共经费的投资主体是省、邦、州、都道府县等高层次地方当局。1945年日本战败投降，百业待兴，但经过短短20年的时间又快速崛起，一跃成为世界经济大国，这得益于日本的教育为其经济社会的发展进步提供了雄厚的人才资本。在日本，无论是基础教育还是高等教育，都格外重视教育的公平。“教育是最廉价的国防”这句话深深影响了战后的日本。日本的财政体制和教育财政保障机制为日本教育事业的发展提供了强大的支持。近几十年来，日本的财政预算中教育经费所占的比例维持在15%左右，教育财政支出占国民生产总值的5%左右。

日本实行教育委员会制度，教育委员会是都道府县和市町村等合议的执行机构，是为了保障公民终身学习而广泛设立的。从平成25年（2013年）5月1日至今，日本都道府县教育委员会数为47个，市町村等教育委员会数为1 819个，其中市786个，特别区23个，町742个，村183个。教育委员会制度是为了确保政治的中立性、保障方针的持续性和稳定性、反映这一区域内居民的意愿而实行的制度，这项制度很好地保障了日本教育的公平性，保障了日本公民公平受教育的权利。

受日本地域特殊性和地震等自然灾害多发的影响，日本政府在保障教育方面有着鲜明的特色。20世纪50年代初，日本政府制定了《公立学校设施灾害复旧费国库负担法》和《危险校舍改建临时措施法》，其中《公立学校设施灾害复旧费国库负担法》规定，凡是因各种自然灾害给学校的设施、设备等造成的损失，国家负担所需费用的三分之二，其余部分由地方负责。这条规定保障了教学活动的正常进行，使得教育秩序很大程度免受地震等自然灾害的影响。2015 年日本财政预算中，就有 443 亿日元用于推进学校设施的抗震化和抗老化对策的实施，108 亿日元用于灾后学校重建。

1．日本基础教育财政保障机制

日本的基础教育财政支出主要由中央政府和都道府县政府承担。

日本基础教育财政支出在整个教育支出中的比例很高，一般都在 50% 以上，最高时可达到 70% 左右，由中央、都道府县和市町村三级财政机构共同分担。但在不同历史时期，日本各级政府承担的基础教育经费比重不尽相同。20 世纪以前，中央承担基础教育经费比重较低，约占 10%，都道府县占 12% 左右，市町村则达到 70% ~80%。可见在当时日本的基础教育支出中，中央和都道府县投入不足。20 世纪中后期，基础教育在人才培育中越来越重要，中央开始逐渐增加对基础教育的拨款，中央和都道府县所承担基础教育经费的比重逐年上升，到 20 世纪末，中央和都道府县承担的全国基础教育经费的比重已经分别达到 35% 和 39%，市町村所承担的比重下降至 22%。

当前中央和都道府县在保障基础教育经费方面负起了主要责任。1952 年制定的《义务教育费国库负担法》规定，基础教育阶段的中小学和特殊学校的教师工资由中央承担 50%，其余部分由都道府县承担，承担的范围主要包括教师的基本工资和各种津贴，而教师以外的教职工工资由市町村承担。这项规定将基础教育中 50% 的教师工资从地方政府转移到中央政府，这一定程度上减轻了地方政府的负担，推动了日本各地教育的均衡发展。教科书经费由中央政府承担，其他教材经费均衡分摊到各市町村。1958 年日本政府制定了《义务教育设施费国库负担法》，该法规定，学校新建教室的费用、建设室内运动场的费用由中央承担 50%。日本政府主要通过教育立法的方式来保障基础教育的财政投入，这样不论日本发生何种政治、经济动荡，都不会严重影响到国家财政对基础教育经费的投放。

2．日本高等教育财政保障机制

日本高等教育财政保障机制视大学性质的不同而不同。国立大学教育经费由中央提供，公立大学教育经费主要由都道府县提供，而私立大学主要由中央通过私学振兴财团向学校拨款。

日本在“二战”之后逐渐加大了对高等教育的重视。日本的高等教育实行中央和地方两级管理，由中央、县、市共同负担其财政支出。

国立大学由中央下属的文部省直接拨付教育经费，并明确禁止地方政府对其进行财政投入。中央负担国立大学全部的教育经费。

公立大学主要由地方政府承担其教育经费。各地方上缴税收后，中央用一定比例的税收收入给予公立大学适当的财政补助，同时公立大学也引进了市场机制，依靠市场和企业的力量，同时还接收民间捐款。

私立大学主要由隶属于文部省的私学振兴财团负责拨付教育经费，同时接受中央提供的科学研究补助等经费资助。1975 年颁布的《私立学校振兴援助法》，规定了政府对私立大学的资助需经过私学振兴财团，再由私学振兴财团向高校进行拨款。这样，私学振兴财团成为中央与私立大学间的中介机构。

5.2.3 德国的教育财政保障机制

德国的行政区划分为联邦、州和市镇三级，全国有 16 个州级行政单位，与行政区划相对应的教育行政体制是地方分权式的教育行政体制，但德国联邦制具有合作型的特征，这种特征在教育行政体制中也有所体现。德国的教育行政体制由联邦和地方政府相互配合，共同承担支出责任。需要特别指出的是，德国的基础教育由市镇级政府管理，但投资主体主要是州政府，这种相对分离的体制有利于保障基础教育的资金来源，使基础教育避免了因管理主体财政收入的波动而导致经费投入的不稳定，从而保障了基础教育的稳定性。

1. 德国基础教育财政保障机制

德国是世界上最早颁布义务教育法的国家，自 1806 年起实行八年义务教育，到 1885 年开始实行免费义务教育，主要由政府公共预算拨付义务教育经费。1946 年开始实行九年义务教育，公立学校一律免收学费。其义务教育财政支出由联邦、州和市镇三级政府共同承担，以州政府负担为主，长期以来联邦政府承担的比例在 10% 以下，联邦政府提供的财政资金主要用于奖学金和特别实验项目的补助，如贫困家庭学生的教育资助。州政府和市镇政府负担了大部分义务教育经费，其中，州政府是主要的财政投入主体，它主要负责义务教育学校日常经费以及与办学条件有关的经费。德国各州政府间为了平衡教育资源，缩小各州教育服务水平的差距，往往通过横向转移支付即各州政府间转移支付的方式，使各州的教育财力达到平衡，把州际差异降到了最低。

2. 德国高等教育财政保障机制

德国大部分的高等教育经费由州政府承担，市镇政府无须承担太多，联邦政府承担的高等教育经费也有所上升。州政府负责高校日常的一般性支出，如学校教学设备的维护、教职工工资津贴以及学校系统运行的基本费用，而联邦政府主要是对科研经费提供援助。根据德国《基本法》的规定，高校科研经费由联邦政府和州政府共同承担，联邦政府对自主科研项目并不是采取直接拨款的方式，而是通过第三方渠道使财政资金从联邦政府流向高校科研人员。联邦政府与各州政府从不同方面为高校的科研提供资助，两者的科研资助合作不仅使高校获得了两级财政相对丰裕的支持，也使联邦政府与州政府都不必承担过重的财政支出负担，达到了双赢的效果。此外，德国《基本法》还规定，联邦政府和州政府都有义务为大学生提供资助资金，其中联邦政府需承担三分之二，另外的三分之一由州政府承担。

5.2.4 英国的教育财政保障机制

英国的教育财政与教育行政密切相关，英国的教育行政是由中央政府和地方政府合作形成的教育体制，中央政府主要掌控基础教育的决策权，地方政府则主要负责把关教学质量。

1. 英国基础教育财政保障机制

英国的基础教育财政投入主要由地方政府即区政府负责。英国在1891年实行免费义务教育，全面普及了初等义务教育。英国的学生从5岁开始接受义务教育，在18周岁之前享受全免费的国家福利，有些学校甚至为学生提供免费的午餐。英国义务教育经费占教育经费总额的75%左右（2008年）。其义务教育财政投入实行的是相对分散的模式，虽然是由中央政府与地方政府共同承担，但投资主体是地方政府（即区政府），地方政府义务教育经费占教育经费总额的50%以上，有时甚至高达80%。公立中小学的基本经费主要由地方政府负责。中央政府只针对特定事业向地方当局提供补助金，不承担主要的教育经费支出责任。

2. 英国高等教育财政保障机制

英国政府对高等教育的拨款实行的是高等教育拨款基金制。主要由政府通过高等教育基金委员会和各大研究基金会向各高校拨款，开放大学和白金汉大学除外。

英国高等教育财政拨款主要用于教学、科研和学生资助。教学经费主要用来满足日常教学的办公费和日常经费；科研经费主要用来满足高校的科研项目，以促进科研工作的顺利开展；学生资助经费用来帮助大学生顺利完成学业，以及为大学生提供奖学金等。英国设立高等教育基金委员会来连接政府与高校之间的教育财政资金往来，其作为一个中介机构使教育财政资金从政府流向高校。英国政府的科研经费拨款由两部分组成：一是高等教育基金委员会明确向高校规定的科研经费拨款数额；二是政府以专项经费的形式拨付给高校的研究经费。高等教育基金委员会的经常性科研经费拨款和政府的特定科研经费拨款两者相互补充，提高了科研经费的使用效率，合理利用了财政资金，避免了重复拨款导致的一系列问题。学生资助经费主要是通过贷款等方式为高校学生提供资助。英国2004年《高等教育法案》规定，国家有义务支持学生进入高等教育，自2006年至2007年，政策贷款提供者为符合条件的学生提供的助学贷款已经覆盖了全部的学费，学生只需要在就业后偿还即可。地方政府主要以奖学金等形式资助学生，同时接受民间捐款。

5.2.5 法国的教育财政保障机制

法国属于中央集权制国家，与其政治体制相对应的教育行政体制实行的也是高度集权的中央集权制。法国政府认为国家应该直接干预经济，因而中央政府在教育方面承担着主要的财政支出责任。1989年颁布的《教育方针法》规定“教育是全民族的首要大事”。

1. 法国基础教育财政保障机制

法国基础教育的大部分财政支出由中央政府承担。

法国是世界上最早普及义务教育的国家，它推行的是完全免费的义务教育。法国政府自1881年义务教育初始推行时期就遵循“义务、免费、世俗化”的原则。在义务教育实施初期，法国义务教育的财政责任基本都在基础地方政府即市镇政府，但是随着社会环境的改变和义务教育的发展，国家财政对义务教育的投入重心不断上移。现在，义务教育财政支出大部分由中央政府承担，中央政府负责作为国家公务员的教师的工资，而教师工资在义务教育经费中占比较大，大约占70%。此外，必要时中央政府还要通过转移支付的方式向地方政府提供补助金。省政府负责中学义务教育的校舍建设费（包括新建、扩建、修缮等）、设备费和维持中学正常运行所必要的日常经费。市镇政府负担小学义务教育的校舍建设费（包括新建、扩建、修缮等），以及维持小学正常运行所必要的日常经费和行政经费。同时各级政府间通过一般性转移支付平衡财政，且对边远贫困地区和弱势群体进行特别扶持。法国政府于1981年制定并实施了教育优先区政策，国家通过增加教育优先区的财政拨款，使教育优先区的生均教育经费要比其他地区多10%～15%，以提高教学质量，缩小地区教育差距，促进基础教育均衡发展。政府的高度重视和财政支持使得法国的义务教育普及率在19世纪末就达到了100%。

2. 法国高等教育财政保障机制

法国高等教育财政保障一开始的主要责任在中央政府，后来开始接受企业的捐赠。

法国政府非常重视教育，中央政府承办并承担高校必要的基本经费，负责高校建设的投资和维护，并且高校的科研经费绝大部分来自中央政府，实行的是公式拨款制，即高校经费财政拨款额 = 高校建筑和土地的表面积拨款 + 活动拨款 + 辅助性的小时拨款。后来由于法国遭遇了高等教育财政危机，导致高等教育公共投资的增加，探索教育经费筹集渠道成为法国政府的当务之急，于是，地方政府开始接受企业对教学和科研的资助。学校通过与政府和企业签订科研合同获得科研经费。这种通过签订合同来拨款的方式成为法国高等教育财政合同拨款制的雏形。20 世纪 80 年代后，法国对高等教育财政拨款进行改革，开始实行合同拨款制。学校与地方政府就高等教育合同拨款与中央政府进行了商议，由中央政府与地方政府共同承担教育经费。采取中央政府与地方政府签订合同、中央政府与高校签订合同的方式对高等教育进行财政拨款。

5.3　发达国家教育财政保障机制给我国的启示

5.3.1　加大教育财政的支出力度

法国政府曾宣称“教育是国家的事业，国家应该直接干预教育”，可见教育对一个国家的长远发展具有重要意义。随着我国经济的快速发展，我国政府越来越重视教育对个人发展、社会发展乃至整个国家发展的重要作用。1993 年，我国曾将教育财政支出占 GDP 4% 的目标写进《中国教育改革和发展纲要》，并希望于 20 世纪末达到，然而直到 20 年后即 2012 年这一目标才得以实现。《国家中长期教育改革和发展规划纲要（2010—2020 年）》提出，提高国家财政性教育经费支出占国内生产总值的比例，可见我国政府非常重视教育，我国的教育财政支出预算在财政预算中所占的比例也整体呈上升趋势，但教育财政支出占 GDP 的比例还远远没有达到国际平均水平。放眼全球，美国的教育财政支出占 GDP 的比例超过 8%，美国对教育方面的支出促进了美国长期持续地发展。日本、德国等国家也非常重视教育事业，这也是它们能够保持持续发展的重要因素。2000 年诺贝尔经济学奖得主詹姆斯 · J. 赫克曼指出：中国在教育投入方面与世界平均水平的差距隐含着巨大隐患。现阶段我国的人才培养经费投入远低于物质经费投入，这将不利于我国公民整体素质的提高，进而阻碍我国创新型国家的建设。借鉴发达国家的教育财政保障机制，我国应该加大教育财政的支出力度，转变政府观念，科学调整财政支出结构，逐步提高教育财政支出占 GDP 的比重，使它保持在 4% 以上并能够不断提高，使我国的人力资本投资能够与物质资本投资协调发展，为我国社会主义事业的发展储备人才。

5.3.2 提高义务教育财政支出在财政支出中的比例，普遍实行免费义务教育

现阶段，我国教育财政支出更多的是放在高等教育上。放眼世界，大多数国家在初步发展阶段都高度重视义务教育的发展，待经济发展较为成熟时才将教育财政支出的重心从义务教育转移至高等教育，即使是经济发达的日本和英国，义务教育财政支出在整个教育财政支出中的比例仍然超过50%。我国是发展中国家，还处于并将长期处于社会主义初级阶段，平均文化水平还相对较低，义务教育所带来的社会教育水平的改善远高于高等教育，并且作为纯公共产品的义务教育更需要政府的全部财政支持，政府不应该将重心放在高等教育这个准公共产品之上。所以我国政府应该要对义务教育给予高度重视，在当前我国教育经费还不是特别宽裕的情况下，应平衡好义务教育与高等教育之间的关系，把更多的教育经费投入到义务教育领域，明确义务教育在教育经费中的优先地位，将教育财政预算的增量部分优先用于外部性更明显、社会收益更高的义务教育中，逐步扩大义务教育的范围甚至是免费义务教育的范围，将九年义务教育延伸至十二年义务教育。在经济落后和处境不利的地区开始实行全面的免费义务教育，并遵守社会贫弱阶层优先、初等教育优先的原则，然后随着经济社会发展水平的提高而不断扩大范围，以提高我国教育水平和国民整体素质。对于高等教育，应更多地采取多种渠道筹集资金的方式，引入市场机制，依靠个人、社会和政府这三方力量为其所需的教育经费提供支持。

5.3.3 建立完整的法律体系，为教育事业提供法律支持

法律是政策合理实施的重要保障，它规定和约束了当事人的行为规范。法律对于一个国家教育事业发展的重要意义也不言而喻。许多发达国家为了保障教育经费投入的稳定性，通过立法的方式将经费负担的职责、数额等确定下来。日本的《义务教育费国库负担法》和《义务教育设施费国库负担法》保障了日本义务教育日常经费和设施建设经费的来源，为日本义务教育的发展提供了法律保障。而《私立学校振兴援助法》也为日本私立高校的发展提供了支持。德国最初通过《义务教育法》保障了适龄儿童的上学权利，德国《基本法》规定了高等教育科研经费的拨款方式，完善了高等教育科研资助的拨款渠道。当前我国教育方面的相关法律制度还不完善，对我国教育事业的保障程度还不够。新中国成立以来，我国出台的与教育相关的法律主要有《中华人民共和国教育法》《中华人民共和国义务教育法》和《中华人民共和国高等教育法》，然而，这三部法律并不能很好地保障我国的教育财政支出。我国教育财政保障

机制需要相关的法律予以支撑，通过建立完整的教育法律体系，明确基础教育和高等教育的财政支出的范围，保障教育事业稳定、持续地发展。只有完善了我国的教育法律制度，才能提高教育经费的使用效率，才能加快我国教育体制改革的进程，促进我国教育事业的全面发展。让教育事业也做到“有法可依，有法必依，执法必严，违法必究”，在教育方面也贯彻落实依法治国的方针。

5.3.4 明确中央政府与地方政府的职责，完善转移支付制度

完善我国教育财政的投入机制，进一步明确中央政府与地方政府间，地方各级政府间提供公共教育服务的职责，进一步合理化各级政府间的教育财政支出分权。《国家中长期教育改革和发展规划纲要（2010—2020年）》指出，要进一步完善中央财政和地方财政分项目、按比例分担教育经费保障机制，提高保障水平。通过以上分析，我们可以看到，美、日、德、英这四个国家，中央政府与地方政府间的职权划分是相对明确的。通过明确中央政府与地方政府的教育财政支出职责，可以明确各级政府的责任，防止相互推诿。

《中华人民共和国义务教育法》提出，义务教育经费由省级政府负责统筹落实，一定程度上缓解了以前义务教育财政资金投入上的不足，但是由于长期体制机制的累积，在政策的实际运行中还存在许多问题，进而导致责任主体不明、问责方向不确定等问题，导致不能很好地激励或约束政府对教育的投资行为，降低了教育财政资金的使用效率。只有明确中央政府和地方各级政府间的职责，才能科学地配置财力。具体地讲，我国应该在教育方面对中央、省和市县这三级政府划分明确的事权和财权。国际经验表明，集中或相对集中的教育财政保障机制更能够保障教育的顺利实施和均衡发展。上述四个发达国家，虽然在教育行政体制方面存在差异，但总体来说，中央政府和地方政府在义务教育方面起着主要作用，尤其是日本，其中央政府和都道府县政府在保障义务教育方面具有主要的责任，承担着义务教育阶段大部分的经费。即使是在采取地方分权制教育行政体制的美国，中央政府和地方政府也通过转移支付承担了大部分义务教育经费。因此，我国应该保障中央政府对义务教育的宏观调控，由省级政府负责统筹落实，县级政府负责具体实施。在保证中央政府在义务教育方面主体作用的基础上，充分发挥地方政府的自主性，促进义务教育的均衡发展。

而对于高等教育亦是如此，发挥中央政府的引导作用，为高等教育提供宏观上的方针和指导，由地方政府根据当地实际情况对本地高等教育的发展负起责任。

对于由于地区间发展水平不平衡而导致的地区间教育服务水平差距，可以通过政

府间的转移支付方式，缩小地区间的教育水平，尤其是缩小义务教育水平的差距，促进教育公平。目前，我国在教育方面采用一般性转移支付与专项转移支付相结合的转移支付制度，但还不够规范和合理。笔者认为，我国应该进一步完善政府间的转移支付制度，结合我国的经济发展水平、区域间的发展差距、文化传统以及政治经济体制，借鉴德国的一般性转移支付制度，即通过地方政府间的转移支付制度缩小各地间的经济差距，平衡地方政府间的财政资金。还应借鉴英国的专项转移支付制度，设置专项的教育转移支付制度，对于特定项目给予地方政府支持。同时，中央政府可以设立教育财政支出项目的标准，地方政府分配到的地方税连同其财政收入一起通过年度财政预算，来确定教育经费的支出额。

6　广东省教育财政保障水平的政策设计

6.1　提高广东省教育财政保障水平的原则与目标

6.1.1　提高广东省教育财政保障水平的原则

1. 法定增长原则

《国家中长期教育改革和发展规划纲要（2010—2020年）》明确提出，2012年之后，我国要实现财政性教育经费支出占国内生产总值4%的目标，从制度上保障教育经费支出。《广东省中长期教育改革和发展规划纲要（2010—2020）》强调，要合理划定省、市、县（市、区）预算内教育经费占财政总支出的比例并逐年提高，到2020年各级教育财政支出占财政总支出的比例达到25%以上。因而广东省教育财政支出要严格按照《中华人民共和国教育法》《中华人民共和国预算法》等法律法规的规定，在安排教育财政支出预算时，保证教育财政支出增长幅度达到法定增长的要求。

2. 优质均衡原则

从教育财政的角度分析，优质均衡主要是针对教育公平而言的。从学前教育、小学教育、初高中教育到大学教育、职业教育，教育资源的相对集中与相对分散，都不利于广东教育大省整体目标的实现。均衡发展是教育的必然要求，同时也是实现教育公平的必然要求。教育均衡发展要求教育财政支出时，要考虑到受教育群体之间在分配资源、经济条件、自然环境等方面存在的客观差异，将区域间、城乡间的教育财政投入差距控制在一个合理的范围内。优质均衡是在教育均衡发展的基础上，要考虑到高质量教育资源供给的相对均衡，使教育财政在投入方面达到教育质量的底线均衡与特色均衡的统一，即质量合格底线基础上的特色均衡、差异均衡。

3. 标准投入原则

标准投入是指建立和完善各级各类教育财政投入标准，在此基础上确定各级各类教育生均经费标准和生均财政拨款标准。标准投入要根据广东省财政增长的实际情况以及广东省经济建设的发展需求，既要考虑教育发展的需求，也要考虑财政供给的能力。由于教育投入成本大都呈现递增趋势，因而教育财政标准投入是动态递增的。2014年国务院《关于深化预算管理制度改革的决定》要求，完善基本支出定额标准体系，加快推进项目支出定额标准体系建设，充分发挥支出定额标准在预算编制和管理中的基础支撑作用。因此，教育财政预算编制需要依据广东省实际情况定好支出足额标准。

4. 社会参与原则

各级各类教育仅依靠政府、依靠财政支持，是无法达到理想效果的。公众对教育的不满，一方面是千校一面的应试教育，另一方面是教育资源配置的不均衡，财政在应对这两方面问题时显得财力不足。因此，以政府主导为主，充分调动、激发社会力量参与举办教育的积极性，使教育成为全社会的事，才能更好地满足经济社会发展的需要。要通过财政的杠杆作用，发动社会各方面力量参与教育事业建设，整合社会资金力量，引导社会资金投身教育大业，形成整体合力。

6.1.2 提高广东省教育财政保障水平的目标

提高广东省教育财政保障水平，根据法定增长、优质均衡、标准投入、社会参与四个原则，应通过科学测算、制定标准、动态递增、多方筹措等方式，实现广东省教育财政的有力保障。

建立健全广东省教育财政保障稳定增长机制，确保各级政府教育财政投入增长速度明显高于财政经常性收入的增长，保证教师工资、生均公用经费逐步增长。

到2018年底，全省各级各类生均教育事业经费、生均公用经费均明显高于全国平均水平，在全国32个省（自治区、直辖市）的排名中位居前列。

到2018年底，全省80%的中等职业教育免除学杂费；所有家庭经济困难的学生免除普通高中阶段的学杂费。

到2020年底，包括粤东、粤西和粤北地区在内的全省所有县（市、区）的学校办学条件基本达到省定办学标准，100%实现县域内教育资源配置均衡。

到2020年底，全省学前教育毛入园率达到100%；全省残疾儿童学前教育毛入园率达到95%以上；全省所有乡镇均建有1所以上规范化公办乡镇中心幼儿园；全省95%以上的幼儿园教师均具备相应资格。

到2030年，省级财政持续稳定投入不低于50亿元/年，基本建成几所具有国内外影响力的高水平大学，整体实力在全国同类高校中处于领先地位，打造高等教育强省。

到2050年，实现1～2所大学进入世界一流大学前列，一批学科进入世界一流学科前列，全省一流大学和一流学科的数量和实力进入全国前列，基本建成高等教育强省。

6.2　提高广东省教育财政保障水平的措施与政策建议

6.2.1　提高广东省教育财政保障水平的措施

1. 实施绩效预算，优化教育财政投入结构

《国家中长期教育改革和发展规划纲要（2010—2020年）》和《广东省中长期教育改革和发展规划纲要（2010—2020）》等文件都明确指出要加强预算管理，健全学校预算编制制度和预算资金支付管理制度，严格按照预算办理各项支出，确保资金的规范和有效使用，严禁挤占、截留、挪用各类教育经费。2014年9月国务院发布了《关于深化预算绩效管理制度改革的决定》，明确提出要“健全预算绩效管理机制”。2015年1月1日起施行的新的《中华人民共和国预算法》要求，“强化预算约束，加强对预算的管理和监督”，教育财政支出必须在新的《中华人民共和国预算法》的规制下，科学安排各级各类学校的人员经费、公用经费，以及教育基本建设费用。由于受到我国当前的财政管理水平、法律制度、问责机制等条件的制约，我国的教育财政预算模式还属于传统型预算、投入式预算，而非科学化、精确化的绩效预算。在教育领域财力有限的情况下，实施绩效预算管理，以绩效评价作为教育财政资金评定标准，将绩效管理理念贯穿于教育财政预算编制、执行、监督的全过程之中，通过预算约束提高有限财力的分配效率。

在强化教育财政预算约束的同时，还要调整广东省教育经费的支出结构，这既是缓解广东省教育经费紧张的需要，也是提高教育财政资金使用效率的内在要求。首先，调整财政性教育经费投入的学级结构，要明确政府在三级教育支出中的职能，对于基础教育、中等教育，政府应承担主要教育责任，无差别地向所有家庭提供，以保证全民享有最基本的受教育权利和国民素质的全面提高。建立中央、省和市县共同分担教育经费的办法，把教育支出的重点放在农村义务教育的同时，重点增加对学前教育和中等职业教育的投入。其次，调整财政性教育经费投入的地区结构，加大对粤东、粤西、粤北地区的财政转移支付力度，设立教育转移支付资金，加大对粤西地区必要的教育发展的投入，促进广东省各地区教育的协调发展。最后，调整财政性教育经费投

入的支出结构，正确处理改善办学条件投入与正常办学投入的关系，逐步优化人员经费的支出结构，向特殊困难学生群体倾斜，向稳定的、高水平的教师队伍建设倾斜，对于中等教育、中等职业教育的投入要适当增加一定的比例。对于高等教育，要拓宽其筹资、融资的渠道，并重点扶持高水平大学建设。

2. 加大财政投入，保证教育支出稳定增长

为实现广东省生均教育事业经费和公用经费明显高于全国平均水平的目标，应加大财政投入力度，保证教育经费支出稳定增长是主要途径之一。省级财政要严格按照《中华人民共和国教育法》等法律法规规定，在安排教育财政支出预算时，通过调整支出结构，努力增加教育经费预算，严格落实教育法定增长要求，保障实现教育财政拨款增长高于财政经常性收入增长、生均教育费用逐步增长、教师工资和生均公用经费逐步增长等目标。

一是落实法定增长要求，切实提高教育财政支出占公共财政支出的比重，要合理划定各级政府预算内教育经费占财政总支出的比例并逐年提高，确保到 2020 年，各级教育财政支出占财政总支出的比例达到 25% 以上。各级政府在年初安排公共财政支出预算时，应积极采取措施，调整支出结构，努力增加教育经费预算，保证教育财政支出增长幅度明显高于财政经常性收入增长幅度，对预算执行中的超收部分，要优先安排教育拨款，确保全年预算执行结果达到法定增长的要求。

二是提高预算内基建投资用于教育的比重，各级政府要把支持教育事业发展作为公共投资的重点，在编制基建投资计划、实施基建投资项目时，应充分考虑教育的实际需求，确保用于教育的预算内基建投资明显增加，保障教育相关的基础设施建设顺利进行。

三是充分发挥各市、各类学校教育发展基金会的作用，不断完善社会捐赠教育的激励政策，逐步由一元的政府投资，向国家、社会、学校、集体与个人多元投资方向转变，鼓励企业、社会团体、家庭和公民个人更多地投资教育，促使更多的社会资源进入教育领域，拓宽教育经费的投入渠道。

3. 明确财权、事权，落实教育经费筹集责任

1994 年的分税制改革奠定了现行财政体制的基础，但没有对中央与地方事权和支出责任的划分作出具体明确的规定，当时主要考虑的是财政收入的层级配置，涉及事权和支出责任划分的改革措施不多，不仅没有明确界定各级政府的事权与支出范围，对中央和地方的事权和支出责任划分也仅作了原则性的规定：地方主要承担本地区政权机关运转所需支出以及本地区经济、事业发展所需支出，对省以下如何划分则没有

涉及。由于规定比较模糊，反映到教育领域，就是各级政府间事权和支出责任划分不清晰、不合理，中央和地方职责交叉重叠，一些应由中央负责的教育事务交给了地方承担，一些适宜地方负责的教育事务又由中央承担了支出责任，从而客观上形成了财权上收、事权下放的格局，这种格局造成了教育公共产品供给的错位与缺位并存，影响教育经费支出效益。

财权、事权、财力三要素互相匹配，才能保证教育部门运转效率，为确保各级各类教育财政保障有力，广东省各级政府间教育事权和财权责任可以按照以下模式，即教育资金的来源责任由各级政府之间合理分配，共同筹集资金；而教育财政的支出责任主要由县级政府负责。在筹资责任上，随着“省直管县、乡财县管”财政管理体制模式的深化，地市和乡镇的财政职能将会弱化，筹资事权理应上移，交由中央、省和县三级政府按比例划分，加大中央政府和省级政府在教育资金筹集方面的责任。中央财政在教育领域的投入重点主要在于解决教育发展中重大问题的资金投入。广东省级财政要注重珠三角地区与粤东、粤西、粤北地区的教育均衡问题，保证县级财政有相应的财力，保障广东省教育经费保障标准的落实，保障中央政府有关教育项目和政策的所需资金投入和配套资金的落实。县级政府则应该加大教育经费投入力度，促进县内城乡间、学校间教育的均衡发展。

4. 注重上层设计，构建教育财政转移支付规章制度

教育的均衡发展离不开规范的教育财政转移支付制度，包括设计出比较科学的教育财政转移支付方案，以及构建相关的规章制度来确保教育财政转移支付得到有力的实施。首先，从国家层面上进一步完善相关的教育财政转移支付制度。我国已有的教育财政转移支付相关制度包括《过渡期财政转移支付办法（1999）》《中央对地方专项拨款管理办法》等，但立法层级较低。2006 年我国新修订的《中华人民共和国教育法》在“经费保障”章节中，对教育财政转移支付条款进行了修订，但该条款的执行性、操作性不强。国家相关机构应当制定专门的《政府间转移支付办法》，明确实施教育财政转移支付的目标、原则、形式，不同教育财政转移支付形式间的关系、资金分配方法、标准、拨付程序，以及绩效稽核、监督方式、处罚规则等。其次，从广东省级层面，为了更好地与国家相关的教育财政制度相对接，落实好教育财政转移支付政策，省级政府需要设计科学的教育财政转移支付方案：一是建立规范的教育财政转移支付制度来保障教育的投入，以促进教育均衡发展。要健全中央财政转移支付机制，建立流出地和流入地的省、市、县（市、区）三级政府的合理分担机制，根据各地教育人口比重结合经济发展增量制定动态标准，不断调整分担比例，使流入地政府在接

受农民工随迁子女教育方面做到财权与事权相匹配。二是构建教育财政转移支付的测算模型。对教育财政转移支付的测算，现有研究已经形成了比较一致的思路，那就是采用“缺口补助”的方法，建立一个以县为单位的教育收支缺口模型。按照公式：(某县教育标准支出－某县教育标准收入)×激励系数＝某县可获得的教育财政转移支付额。其中，激励系数的设立在于鼓励地方政府增加对教育的财政支出，在促进公平的同时兼顾效率。省级政府对缺口进行补齐方面，广东省政府按一定的财政努力程度填平缺口，负责补齐。

5. 强化教育扶贫，提高困难群体子女教育质量

国家原有的教育扶贫政策，比如“两免一补”、义务教育阶段学生免杂费、师范生免费、资助贫困地区农村教师、读职业高中的学生免费等政策，尽管使农村学生可以完成九年义务教育，但从多角度分析来看，并没有改变落后地区孩子的社会竞争力以及未来命运，因此教育扶贫方式需要调整，要以提供高质量教育为主要目的。

一是进一步完善义务教育阶段贫困学生的资助制度，加大对基层地方政府的转移支付，以提高贫困寄宿生生活补助标准，实施精准扶持贫困学生，加强贫困学生资格认定程序中的评审、公示、信息公开等环节建设。同时，保障农民工随迁子女平等接受教育，落实“以流入地政府为主、以公办学校为主”政策，调整目前以区县为主的投入机制，改由中央、省和地市级财政共同承担。

二是加大投入力度，升级改造农村基础教育设施。农村的学前教育，要落实2015年中央一号文件精神，促进乡、村两级公办幼儿园发展，支持乡、村两级普惠性民办幼儿园建设。把一定比例的幼儿园经费交由中央财政承担，建立合格的幼儿教师供给制度，把优质幼儿教育资源引到农民家门口，改变骨干园、示范园大都集中在城市的不合理局面。农村的义务教育，要落实国家义务教育学校办学标准，做好城乡一体化、统筹城乡学校教育布局，“撤点并校”与有质量的住宿制学校建设、有保障的校车系统建设同步进行，解决农村儿童上学远、上学难的问题。农村的高中教育，首先要由中央财政和地方财政共同按比例化解高中债务，对那些由于教育成本较低而深受农民欢迎的、仍然坐落在乡镇的高中，要建立特殊的经费投入保障机制。

6. 注重教育均衡，构建教育均衡发展监测机制

有效推进教育均衡发展是一个长期的、渐进的过程，需要建立教育均衡发展监测机制，通过监测指标和监测标准的科学设定，监控教育均衡发展的进程，及时发现教育公共政策、教育财政体制等方面所存在的问题，对决策部门起到预警或报警的作用。不仅如此，建立教育均衡发展监测机制，可以正面引导政府部门树立正确的政绩观，

鼓励各个地方政府加大推进均衡发展的努力程度，通过因地制宜的改革创新，不断提高区域内教育均衡发展水平。此外，将教育均衡发展监测机制与信息公开机制、社会参与机制以及监督问责机制有效结合起来，对政府部门推动教育均衡发展的努力程度，行政权力行使过程中的合法性、合规性、合理性以及教育公共资源配置与学生、学校实际需求的契合度进行评价，并把评价结果作为对各级政府“执政为民”的政绩评估，是提高政府履职实效性的重要途径。

《国家中长期教育改革和发展规划纲要（2010—2020 年）》提出了“到 2020 年，全面提高普及水平，全面提高教育质量，基本实现区域内均衡发展，确保适龄儿童少年接受良好教育”的目标，关注我国教育均衡发展的过程及趋势对未来广东省教育持续发展具有重要的意义。有学者通过对我国教育发展程度的预警研究发现，我国教育发展存在着年度不稳定性。研究结果显示：从 2000 年到 2020 年我国教育发展呈现波动均衡发展态势，我国教育均衡发展始终呈现着显著的空间分布格局，大部分地区的教育发展处于低水平均衡阶段。因此，各地教育发展波动性较大，这将会影响我国整体教育的均衡发展。广东省是教育人口大省，教育均衡发展也存在着不稳定性，广东省应基于生均公用经费、教职工工资及福利等指标制定标准，依据省标监测省内 21 个地级市经费达标状况及县域内学校间经费差距，因此建立广东省教育均衡发展监测机制非常必要。

6.2.2　提高广东省教育财政保障水平的政策建议

1. 创新政策引导机制，厘清各级政府教育责任

广东省先后出台了系列教育经费保障机制，但由于优质教育资源整体不足，校际资源配置与办学水平仍有差距，教育热点难点问题仍普遍存在，教育均衡发展仍面临许多困难，因此，有必要创新政策引导机制。一是以政策为引领，按照全省各级政府财力水平的具体情况，从建立教育强省的实际要求出发，合理划分各级政府对各级各类教育投入的责任和比例，进一步厘清中央、省、地（市）及县政府在教育方面的经费承担责任，把责任具体化，将各级各类教育中教师的工资和离退休待遇、医疗待遇、工作生活条件、校舍改造、办学公用经费与仪器、图书购置等主要经费的来源渠道，逐步分解到各级政府并加以固化。二是以政策为引领，不断深化教育办学体制改革，对于企业、部门、高校举办的教育学校，应纳入地方政府统筹管理中，实现区域内教育资源均等化。

2. 规范教育经费预算编制，严格按照预算执行到位

明确教育经费预算编制范围，细化经费预算项目，规范预算编制程序，确保教育

经费全部纳入财政预算。严格执行预算安排，在预算执行过程中，对所有的收入和支出，必须按照编制好的预算项目进行，严格按照支出项目和进度拨付资金，禁止随意调整和变更预算；对于必要的教育财政预算调整，必须坚持完整的程序，即由学校提交可行性报告，财政部门调查论证，政府机关审查，人大机关最后审批，切实提高预算的严肃性。在教育财政预算执行过程中，要定期和不定期地对运行中的教育经费进行检查，实现即时监督和事后监督相结合，对发现的问题，要及时严厉查处并予以纠正，对责任人员要给予严肃处理，直至追究法律责任，保证预算执行的顺利进行。

3．加强教育信息化管理，提高教育财政资金监管力度

为了提高教育财政资金使用效率，需要将监督工作常态化，确保资金安全，要加强对落实教育投入法定增长、提高财政教育支出比重、拓宽财政性教育经费来源渠道等各项政策的监督检查，及时发现和解决政策执行中存在的问题。省级财政对下级政府教育投入状况作出评价分析，作为省级财政安排转移支付的重要依据。严格教学设备资产管理，建立教学设备资产台账，并实行动态管理，做到账实相符；严格教学设备配置计划，依据有关文件配备标准满足正常的教学需要，不得超标准、过度配置；严禁截留、挪用教学资产补助资金，按规定为采购设备办理政府采购手续等，确保资金充分发挥应有作用。

4．完善各级学校生均拨款制度，提高生均拨款定额标准

目前广东省内生均拨款制度存在的主要问题有各项财政投入没有明确规范和比例（缺少有力的制度约束），省级、地厅级财政对各级学校的财政拨款额度不一致（缺少明确的职责分配），对不同阶段教育的生均拨款额度也有不同（缺少有效的区别机制）；生均拨款重高等教育轻基础教育（缺乏纵向公平机制）；生均拨款的地区差异较大，具有很大的随意性（缺少统一的财政支出口径）。因此各级学校生均拨款制度改革的核心在于完善生均拨款制度，建立责任明确的、差异性的生均拨款制度。具体的改革内容如下：

（1）要明确区别不同地区各级教育投入成本与教育创造的人力资本的外溢价值，以此作为制定差异性生均拨款制度的依据。要区别不同地区、不同类型高校的生均培养教育成本与教育创造的人力资本外溢价值的实际情况，要区别不同学科和专业的生均培养教育成本与教育创造的人力资本外溢价值的实际情况。制定出针对不同地区、不同层级教育、不同专业的差别性的生均拨款标准。

（2）要以经济发展水平相同的地区为标准，根据各级政府财政收支情况，人口情况，地区各级学校数量、专业数量和学生数量制定生均拨款标准，并应明确各级政府

在生均拨款标准中各自需要承担的比例以及生均拨款标准的预算核定方式。以维持学校的正常运转为基本目标，保证各个地区、各级学校、各个专业的每个学生拥有公平的教育起点。

5. 完善非义务教育成本分担机制，推进各类学校收费标准调整工作

目前广东省非义务教育成本分担机制存在的主要问题包括成本分担机制建立的依据比较单一；成本分担机制较为单一；覆盖范围较小，对民办非义务教育成本分担机制缺乏有效的管控。因此，非义务教育成本分担机制的改革应以多元化为主要内容。具体的改革内容如下：

（1）要从经济、社会和管理学等多角度衡量非义务教育成本，明确区分各层次非义务教育的经济成本、社会成本和管理成本。量化不同类型的教育成本，形成科学合理地评价非义务教育成本的综合体系。

（2）要在多角度评价非义务教育成本的基础上，实行灵活多样的收费标准。赋予各类非义务教育机构和学校较大的定价自主权，以培养机构中的学院和专业设置为基础，采取灵活多样的收费标准，较大程度地发挥市场竞争机制的作用，避免因教育成本核算困难而导致学费定价的不科学性。

（3）要广泛地调动多元主体参与非义务教育的成本分担。应鼓励非义务教育培养机构从政府、企业、民间慈善机构、基金会以及公民个人等多方面筹集教育培养资金；应提倡企业、民间慈善机构、基金会以及公民个人等都积极参与非义务教育成本的分担和资助，并对主动参与的企业、民间慈善机构、基金会以及公民个人等予以税收上的优惠政策。

（4）要支持民办非义务教育培养机构进行合理有效的教育培养经费筹集，同时对民办非义务教育培养机构的教育培养成本管理和分担机制进行有效的政策监督。

6. 扩大学校理财自主权，改革社会资金资助办学机制

目前广东省扩大学校理财自主权亟待解决的问题主要是学校自主权的范围和资金配置的对象，以及对学校理财自主权的监控。具体的改革内容如下：

（1）要建立针对各级学校自主权的管理制度，提出针对各级学校办学自主权行使的基本规则，建立完备的学校理财决策程序机制与监督评价机制，保证各级学校能充分、合理、高效地运用理财自主权。

（2）要针对专项资金配置建立专门的管理办法，明确专项资金配置的使用目的和对象，严格执行专项资金预决算审批制度。在省内现有专项资金“综合考评、综合奖补”配置方式的基础上，结合专项建设目标，以项目建设阶段目标完成情况为依据，

分阶段考核专项建设情况，分阶段拨付专项建设资金。

（3）财政要发挥杠杆作用，对社会资金进入学校办学实施“财政配比”政策，激励学校开拓更多的渠道争取社会资金的支持，从而引导社会力量关注、支持广东省教育；同时完善学校有关社会资金捐资助学的财务管理制度，保证社会资金的落实与使用有序进行。

7. 完善专项资金管理制度，实行绩效预算与阳光财务

完善专项资金管理制度的关键在于建立有效的学校经费预决算管理办法，具体的改革内容如下：

（1）引入第三方绩效评价机制，科学合理编制专项资金预算。聘请具备项目专长，且在各自行业、领域内有一定权威的专业人员，会同执业信誉良好、专业水准突出的会计人员，组成第三方绩效评价小组，定期对各级学校财政专项资金进行严格的综合评审、答辩、复议，以确保专项资金预算编制的科学性、前瞻性、合理性。

（2）推行财政专项资金二次分配制度。由财政部门、专项资金主管部门会同第三方绩效评价小组，对已过期限或不符合实际的各类专项资金管理办法进行重新修订，设置量化的技术指标和准入条件，严格规范专项资金的使用范围、分配原则、分配对象、分配标准等重要分配要素，对专项资金使用范围、对象有交叉重复的部分专项资金管理办法进行板块整合，明确同类项目只能申报一个专项资金补助，避免专项资金重复补助。还要邀请纪检、监察、审计部门列席专项资金申报和管理会议，加强对财政专项资金二次分配事前、事中和事后全环节的监督，确保财政资金分配过程公开公正、合法合规。

（3）强化专项资金运行全过程管理。规范资金来源渠道，加强银行账户的管理，要加强部门管理的运作与功能互补，建立专项资金安全报告制度，加强对预算单位银行账户和专项资金专户的管理，从预算编制、执行和结算等多个环节严格管理专项资金的使用。

附录1　广东省九年义务教育财政绩效工资改革方案

附录1.1　××小学绩效工资改革实施方案

根据省人事厅、省财政厅、省教育厅《关于印发广东省义务教育学校绩效工资实施意见的通知》（粤人发〔2009〕59号）和市人事局、市财政局、市教育局《关于印发××市市直义务教育学校绩效工资实施办法的通知》（××人发〔2009〕27号）等文件精神，结合我校实际，制订本实施方案。

一、指导思想

根据省、市的指导性意见，以义务教育学校绩效工资的实施为契机，建立和完善教师绩效考核评价制度和收入分配制度，充分发挥绩效工资的激励导向作用，激发广大教职工的工作积极性和勇于开拓的创新精神，努力提高工作绩效，推进教育事业全面、协调、可持续发展。

二、基本原则

绩效工资考核坚持“以人为本、注重实效、促进发展、客观公正、简便易行”的基本原则；体现多劳多得，优质优酬，重贡献，重实绩的原则；凸显岗位，向一线教师、教学骨干等成绩优异人员倾斜的原则。

三、实施对象

学校所有在编在岗的教职工。

四、××小学绩效工资考核领导小组

组　长：×××；
副组长：×××；
成　员：×××。

五、绩效工资分配标准

（1）基础性绩效工资占绩效工资总量的70%，由县财政局按月纳入工资统一发放。

（2）奖励性绩效工资占绩效工资总量的30%。奖励性绩效工资的1%由县教育局制订考核方案对全县中学、中心小学和县直属小学校长进行考核；奖励性绩效工资的99%由学校制订考核方案，报县教育局批准，并报县人社局、县财政局备案后执行。

六、奖励性绩效工资的构成

奖励性绩效工资由基础工作总量工资和质量考核奖励工资两部分构成。其中，基础工作总量工资占奖励性绩效工资的70%，质量考核奖励工资占奖励性绩效工资的30%。

七、绩效考核的具体事项

（一）绩效考核时间

绩效考核按学期进行，时间安排在学期末。

（二）绩效考核的内容及计分办法

绩效考核采用定量评价的方法，具体如下：

1. 基础工作总量计算

（1）课时工作总量计算。

根据《关于义务教育阶段全面开展基础教育课程改革实验的通知》（粤教基〔2004〕78号）文件精神，结合我校实际，我校教师课时标准设定如下：

语文、数学每周16节，英语14节，其他学科每周20节。语文、数学、英语以1课时为标准，其他学科以0.85课时为标准，早读以0.8课时为标准。

（2）考勤。

事假每节扣1课时，病假每节扣0.5课时，假后要完成教学任务，旷工每节扣2课时，本项得分扣完为止，不计负分。婚产等假期按相关规定执行。本项考核计分以学校考勤记录为依据，并定期向全校教职工公布。

（3）教育教学管理岗位工作量计算。

担任班主任工作的教师工作量按照教育部《中小学班主任工作规定》执行，即"班主任工作量按教师课时标准工作量的一半计入基本工作量"。教导主任工作量参照班主任工作量执行；副校长工作量按教师课时标准工作量的五分之三计入基本工作量；校长工作量按教师课时标准工作量的五分之四计入基本工作量；教育教学管理岗位工作量可以叠加计算，但不能超过教师课时标准工作量的1.5倍。

（4）个人基础工作量计算。

教职工学期基础工作量=周课时分值×有效周数+教育教学管理岗位工作量总分值+代课节数分值-考勤扣分。

因节假日导致不完整周日数的，按实际工作量计，跨级跨科教师的工作量按所任教主十学科计，教师代课节数按实际节数累计。

（5）基础工作总量工资系数计算。

基础工作总量工资系数=70%全校教职工奖励性工资÷（全校教师基础工作总量分值+全校职工工作总量分值）。

（6）个人基础工作总量工资计算。

个人基础工作总量工资=基础工作总量工资系数×个人基础工作总量分值。

2. 质量考核得分计算

（1）师德师风水平得分（按100分计算）。按照《中华人民共和国教育法》《中华人民共和国教师法》《中小学教师职业道德规范》等法律法规的要求，主要考核教师的政治思想、师德品行、依法执教、工作态度和工作作风五个方面内容。具体参考《××县义务教育学校教师师德师风考核表》。

（2）教育教学业绩得分（按100分计算）。体现“多劳多得、优质优酬”的原则，主要以完成教学目标、学生达到基本教育质量要求为依据，侧重考核合格率、进步率和综合素质等指标，并按业绩考核所占的权重转化为分值。

（3）教育教学科研成果加分。对获得县（市）以上荣誉、优质课例（或技能比赛）、辅导奖、论文奖等奖项或对学校有突出贡献的教师进行适当加分，加分计算不进行累计，只取最高加分项。具体标准为：发表论文10分、县级以上奖项15分、地（市）级以上奖项30分、省级以上奖项40分、国家级以上奖项50分。

（4）质量考核得分计算。

质量考核得分＝师德师风水平得分＋教育教学业绩得分＋教育教学科研成果加分。

（5）质量考核工资系数计算。

质量考核工资系数＝30%全校教职工奖励性工资÷（全校教师质量考核得分＋全校职工质量考核得分）。

（6）教职工质量考核工资计算。

教职工质量考核工资＝教职工质量考核工资系数×教职工质量考核得分。

3. 教师奖励性绩效工资的计算

教师奖励性绩效工资＝教师基础工作总量工资＋教师质量考核工资。

（三）绩效考核有关问题的处理意见

（1）有下列情形之一的，扣减50%以上（最多100%）的奖励性绩效工资。

①以非法方式表达诉求的，或干扰正常教育教学秩序，致使学校或其他单位的工作不能正常进行的；

②损害学生利益，体罚或变相体罚学生，造成严重后果，影响恶劣的；

③品行恶劣且造成极坏社会影响的；

④发生重大安全事故或重大责任事故的；

⑤存在严重乱收费行为的；

⑥违法犯罪、受党纪政纪处分的；

⑦违反国家计划生育政策的；

⑧参加邪教组织或其他迷信活动，散布传播违背党和国家方针政策言论的；

⑨参与集体或其他违法违规上访的；

⑩参与有偿家教、私自在校外兼课、进行有偿招生、擅自向学生收费、征订教辅资料的或其他利用职务之便牟取私利的。

（2）有下列条款之一的，不享受奖励性绩效工资：

①本学期没有承担任何教育教学工作或学校管理工作的；

②本学期病事假累计超过3个月的；

③不属于因公脱产学习的。

八、考核工作的组织领导与监督

（1）实施考核全过程要公开透明，随时接受教职工的监督和质询。考核量化分数揭晓后在本校进行公示，公示期不少于5个工作日。对公示结果有意见的教职工要及时核实自己的分值，发现有误的，必须重新确定考核分值。考核分值偏低的，要将考核结果及时反馈给本人，并告知可在规定的时限内提出复核、申诉，各责任部门必须严格执行规定，认真做好复核、申诉的答复工作。

（2）绩效工资考核领导小组负责分配具体实施工作，必须严格执行规定，实事求是地进行考核。

九、说明

（1）本实施方案报上级审批后执行。

（2）本实施方案的解释权归学校绩效工资考核领导小组，未尽事宜另补充。

附录 1.2　××初中绩效工资改革实施方案

为做好我校教职工绩效考核工作，加强教师队伍建设，不断提高教职工的工作积极性，促进学校健康发展，结合我校实际，制定本绩效工资分配办法。

一、指导思想

全面贯彻党的教育方针，以促进我校科学发展为目标，以提高教师队伍素质为核心，以深化人事制度改革和发挥经济杠杆作用为导向，体现工作量和实际贡献等因素，建立科学、规范、合理的收入分配机制，充分调动广大教职工的积极性、主动性和创造性，激励广大教职工爱岗敬业、扎实工作、开拓进取，实现各尽其能，各得其所，以量计酬，多劳多得，优绩优酬，不断优化教师队伍建设，不断提高学校教育教学质量和办学水平。

二、分配原则

（1）坚持“不劳不得，多劳多得，优绩优酬”原则。
（2）坚持“公正、公平、公开”原则。
（3）坚持“科学合理”原则。
（4）坚持向骨干教师、一线教师倾斜的原则。

三、奖励性绩效工资分配领导小组（36 人）

组　长：×××（校　长）；
副组长：×××（副校长）、×××（副校长）、×××（副校长）；
成　员：(32 人)。

领导小组下设办公室，办公室主任由×××兼任。其中办公室主任负责组织领导小组成员起草绩效工资（奖励性部分）分配方案，负责组织相关人员核算工作量奖励部分；×××负责组织相关人员核算教学成绩奖励部分；×××负责基本奖励核算、总数据的输入、核对、教师签字及上报工作。

四、实施对象

（1）以下人员可享受奖励性绩效工资分配：接受学校工作安排，能根据岗位目标要求完成教育教学工作和学校安排的各项工作任务的在职在岗的教职工。

（2）借调到外单位的按局文件精神发放。

（3）有下列情形之一者不享受奖励性绩效工资分配：

①迟到、早退、旷课或请假超过规定天数（三个月）的；

②脱产学习的；

③不服从学校工作安排，严重影响到学校正常工作的；

④年度考核不合格的；

⑤严重违纪、违法造成恶劣影响的。

（4）奖励性绩效工资由四部分组成：①基本奖励；②工作量津贴（包括超课时）；③教学成果奖励；④班主任津贴。

五、实施办法

（一）经费来源

上级下拨我校在职在编教职工奖励性绩效工资部分资金总额××元，享受人数为××人（不包括特岗教师）。

（二）奖励性绩效工资构成项目

1. 基本奖励

凡是在学期工作中能完成学校下达的各项工作任务，年度考核中被评为合格以上等级的（如是春季学期，则要求在本学期内没有受到违纪处分的）教师，给予基本奖励每人××元（即70%总额÷应得奖励人数）；如请假时间超过文件规定，将按基本奖励的一定比例发放。

2. 全校工作量津贴总量

公式为：全校工作量津贴总量=学校绩效总额－基本奖励－班主任津贴－超课时

津贴 - 教学成果津贴。

3. 工作量奖励

（1）超课时：本学期实际上课 19 周，各学科折成标准课时后，本学期的满课时为 190 节，超课时节数 = 本期实际授课正课时标准节数 - 190。超课时每一节补贴 5 元。

各学科标准课时算法：

①语、数、英标准课时等于本学期的实际正课时；

②政、史、地、生、物、化正课折成标准课时公式为：标准课时 = 正课节数 × 10/12；

③体、信、美、音、心正课折成标准课时公式为：标准课时 = 正课节数 ×10/14。

（2）学校领导超课时算法。

副校长每周 2 节课为满课时，本学期满课时为 36 节；正、副主任，学校办公室主任每周 5 节课为满课时，本学期满课时为 95 节。

①副校长本学期超课时节数 = （实际课时 - 36） × 系数

②正、副主任，学校办公室主任本学期超课时节数 = （实际课时 - 95） × 系数

其中，担任语、数、英教学的系数为 1，担任政、史、地、生、物、化教学的系数为 10/12，担任体、信、美、音、心教学的系数为 10/14。

（3）基础工作量课时：①超课时的教师的基础工作量课时 = 本学期满课时节数；②不超课时的教师的基础工作量课时 = 本期实际授课正课时标准节数。

（4）课时补助（不作为超课时的计算量）。

①岗位课时补助：工会主席、团支部书记每周计 4 个课时；党支部副书记、工会副主席、团支部副书记、团支部组织委员、团支部文体委员、团支部宣传委员每周计 2 个课时；党支部组织委员、纪律委员、宣传委员、工会组织委员、工会女工委员每周计 1 个课时；科研处正副主任每周计 3 个课时；教研组长、学科年级负责人、年级组长每周计 2 个课时；兼职实验员、多媒体管理员每周计 2 个课时。

②早读每节记 0. 2 个课时；体育老师指挥大课间活动每周计 2 个课时；外出培训的老师每周按课程安排计算（学科系数不是 1 的要折成标准课时），不计入超课时。

③工勤人员工作量：后勤人员、文印员、生活老师每周按 8 个课时计算（系数是 1）；报账员每周按 10 个课时计算。

④自习课折算成标准课时节数 = 自习课节数 ×0. 7。

⑤跨教案：每跨一学科教案计 15 节。

⑥其他课时补助：外出培训（脱产）、段考期考的监考课时补助。

⑦特殊岗位补贴：电工工作岗位、锅炉工作岗位。每月补贴30元，一个学期按5个月计算。

（三）班主任津贴

班级人数45人以上的，每个月补助200元；班级人数30～44人的，每个月补助150元；班级人数29人以下的，每个月补助100元。每个学期按5个月计算，按照这个标准算出全校班主任岗位津贴总额。班主任岗位津贴由全校在职在编教师平均担负（包括请产假、借调的教师）。

（四）教学（或工作）成果奖（以期末考试成绩为参考）

1. 班级学科均分奖

①平衡班学科均分奖。以班为单位，期考成绩均分从高到低排列。第一档次班级：班级总数的20%，奖该班科任老师250元；第二档次班级：班级总数的30%，奖该班科任老师220元；第三档次班级：班级总数的30%，奖该班科任老师190元；第四档次班级：班级总数的20%，奖该班科任老师150元。

②实验班学科均分奖。以县同年级班级排名为依据，第一档次班级：1～3名，奖该班科任老师250元；第二档次：4～7名，奖该班科任老师220元；第三档次：8～10名，奖该班科任老师190元；第四档次：11名之后，奖该班科任老师150元。

注：以上各项任两个班以上的教师则取其所教班级的平均数。

2. 生物、地理八年级第二个学期成绩绩效奖

由于生物、地理学科已进行中考，上级没有给出各班原始均分，因此各班均分的计算方法为A、B+、B、C+、C的分值之和的平均数。具体赋分是：A：5分/人，B+：3分/人，B：2分/人，C+：1分/人，C：0.5分/人。各班均分算出后，按第1条规定计算生物、地理任课教师的均分奖。

（注：①各等级有并列名次的只取最后一名并列。②以上各项任两个班以上的教师则取其所教班级的平均数。）

3. 体育科和其他非中考科目教师、工勤人员工作效果奖

按教学成果奖平均数的70%发放。

（五）考勤扣除

（1）教职工请假一天扣除5元；

（2）教师旷课一节扣除 15 元。

六、借调到外单位的人员绩效工资发放方法

按上级文件规定以全校绩效平均数额发放。

七、处罚

为增强教职工教书育人的责任感和使命感，促进教师队伍建设，进一步规范教职工的行为，提升素质，学校实施师德师风一票否决制，并对有以下情形者进行处罚：

（1）不服从学校工作安排，以待岗处理，待岗期间不享受奖励性津贴。

（2）不能履行本岗位职责，干扰正常教育教学秩序，扣除当月的工作量补贴。

（3）师德师风差，给学校造成不良影响的，具体视情节严重程度，予以从扣除当月的工作量津贴到不能享受奖励性绩效工资的处理。

八、说明

（1）校长奖励性绩效工资不计在本方案内。

（2）本方案经学校奖励性绩效工资分配领导小组讨论通过后，80% 以上的老师同意后方可定稿，报县教育局审批后实施。

（3）该方案在校园内公示无异议后上报县教育局审核，再报县人事局审批，审批过后，县财政局根据分配方案将资金发到个人工资银行账户。

（4）参加绩效考核的人员必须是在职在岗满一年的教职工，不足一年或本年退休的教师，视其工作量和岗位贡献情况按月发放。

（5）本方案随学校发展而不断完善。

（6）校长室对本方案有解释权。

由于我校是一所新创办学校，各种管理制度正在不断完善当中，每个学期均会有不同情况出现，因此绩效工资改革实施方案的部分细节可视具体情况作修改。

附录2　广东省高中（职中、中专）教育财政绩效工资改革方案

附录2.1　广东省××高中教育财政绩效工资改革方案

一、指导思想

以科学发展观为统领，全面贯彻党的教育方针，着力实施素质教育，以提高教师队伍素质、改善师资结构为重点，以提高教育教学质量为核心，以提高教师工作绩效为导向，着力构建体系完善、评价科学的教职工考核评价制度，充分调动广大教职工的工作积极性、主动性和创造性，以全省“六个一流”为办学目标，创办人民满意的优质高中，推动学校和谐、快速、可持续发展。

二、遵循原则

（1）按劳分配原则。责重多得、多劳多得、优绩优酬。

（2）科学合理原则。依据实绩和贡献，适当拉开分配差距，向一线教师和重点岗位倾斜，同时兼顾公平。

（3）实事求是原则。既借鉴外校成功经验，又结合学校自身实际推进改革。

（4）公开透明原则。分配政策公开，考核过程公开，分配结果公示，确保人心安定、学校稳定。

三、改革的主要内容

（一）调整岗位和机构设置

1．设置机构及岗位

依据压缩行政管理人员数量、改善教师结构比例的原则，结合学校实际共设岗位232个。其中教学岗位189个，管理岗位28个，教辅岗位12个，工勤岗位3个。具体为：管理岗位28个，包括校级岗位6个、中层岗位7个和各处办干事岗位15个。

校级岗位6个：校级正职1个（校长1个），校级副职5个（副校长4个、工会主席1个）。

中层岗位7个：政教处2个（主任1个、副主任1个），教务处2个（主任1个、副主任1个），总务处1个（主任1个），办公室1个（主任1个），团委1个（书记1个）。

各处办下设干事岗位15个：政教处干事2个，教务处干事4个，校办干事3个，公寓辅导员4个，食堂管理员2个。

教学岗位189个，实有人数153人：

语文：现有人数23人，设岗数29个；

数学：现有人数29人，设岗数29个；

外语：现有人数21人，设岗数29个；

物理：现有人数18人，设岗数22个；

化学：现有人数15人，设岗数20个；

生物：现有人数13人，设岗数15个；

政治：现有人数8人，设岗数10个；

历史：现有人数5人，设岗数8个；

地理：现有人数6人，设岗数10个；

音乐：现有人数2人，设岗数2个；

体育：现有人数6人，设岗数6个；

美术：现有人数2人，设岗数2个；

计算机：现有人数2人，设岗数2个；

信息通用技术：现有人数1人，设岗数2个；

心理健康教育：现有人数2人，设岗数3个。

教辅岗位12个：图书馆2个，校医1个，实验员4个，总务3个，会计1个，出纳员1个。

工勤岗位3个：保卫干事2个，司机1个。

2. 中层干部竞聘上岗

为进一步加强学校干部队伍建设，加快学校教育教学改革和发展，结合学校实际，经教育党委批准，学校党政领导班子研究决定，学校中层领导实行竞聘上岗。

学校拟设置政教处、教务处、总务处、办公室共4个行政内设机构。团委书记依据共青团管理的有关规定，不参加竞聘。具体岗位如下：

处　室	岗　位	人　数	职　级
政教处	主　任	1	中层正职
	副主任	1	中层副职
教务处	主　任	1	中层正职
	副主任	1	中层副职
总务处	主　任	1	中层正职
办公室	主　任	1	中层正职

竞聘工作按如下程序进行：公布方案→公开报名→资格审查→个人演讲→民主测评→领导小组考察→任前公示→申报协审备案→聘用上岗。

竞聘人选产生后，上报教育党委履行干部任免手续。

3. 健全选人用人机制，优化教师队伍

为适应现代高中教育教学需要，学校要不断提高教师学历层次，壮大名优教师队伍，建立一支年龄结构合理、职称结构优化、能适应未来高中教育需要的教师队伍。

（1）提高教师学历层次，力争五年内硕士以上学位教师由现在的4%提高到35%。

①力争两年内引入30名高学历（硕士研究生以上）教师。

②鼓励在校教师报考在职教育硕士。

（2）壮大名优教师队伍，力争五年内名优教师比例达到市同类学校领先位次。

①五年内力争培养国家级优秀教师1～2人。

②扩大省级优秀教师队伍，力争五年内由原来的3人增加到6人。

③积极引入外地特级教师，力争五年内引入3～6人；大力培养本校特级教师，力

争五年内培养1~2人。

（3）在教师队伍相对稳定的前提下建立长效教师补充机制，每年新增10名硕士研究生及以上学历新教师作为储备教师。

（4）各学科试行首席教师制。

（5）对教师队伍进行结构调整。

为了充分调动全体教师的工作积极性，增强学校的活力和可持续发展能力，打造一流队伍，提高办学质量，创建一流学校，对于岗位富余人员，实行岗位调整，优化师资结构，实现“能上能下，能进能出”的用人机制。

依据国家相关政策、市政府有关文件和学校岗位需求的实际情况，对以下几类人员实行转岗：一是岗位富余人员；二是工作能力不胜任现任岗位人员。转岗去向为：一是充实公寓辅导员岗位；二是转到教辅工勤管理（干事）岗位。

新上岗的大学生不参加竞岗，试用期为一年，在试用期内学生反响大，不胜任教学的，停止教学岗位工作。

（二）改革分配方式提高教师待遇

1. 实施绩效工资

工资组成包括基础工资、基础性绩效工资、管理岗位绩效工资、奖励性绩效工资和寒暑假工资五部分。绩效工资资金来源为岗位津贴的30%（5.7万元），上一年度年终一次性奖金的15%（7.68万元）以及注入资金（67.5万元）。

（1）基础工资。

①资金来源：应发工资总额中除岗位津贴30%外的其他部分。

②发放原则：遵纪守法、服从学校工作安排的教职工，发放全部基础工资。

③发放办法及标准：由财政部门直接打入教职工工资卡。

（2）基础性绩效工资。

①资金来源：岗位津贴的30%以及注入资金。

②发放原则：根据考核标准考核，按考核结果发放。

③发放办法及标准：每学期分期中和期末两次发放，每学年发放四次。根据考核结果从高到低按一定人员比例确定等级。

A. 对前60%的人员（教学人员与非教学人员分别考核）发放相对应的全额基础性绩效工资，在此基础上，分三个等级给予奖励：将该部分人员根据考核结果从高到低排序，按1：1：2比例顺次划为三等，第一等每次奖励1 000元，第二等每次奖励

800 元，第三等每次奖励 600 元。

B. 对其他考核合格的人员发放相对应的全额基础性绩效工资。

C. 对考核基本合格的人员发放相对应的部分基础性绩效工资。按考核结果从高到低排序分四个等级：第一等，发放其对应的基础性绩效工资的 90%；第二等，发放其对应的基础性绩效工资的 80%；第三等，发放其对应的基础性绩效工资的 70%；第四等，发放其对应的基础性绩效工资的 60%。

D. 对考核不合格的人员取消其基础性绩效工资。

（3）管理岗位绩效工资。

管理岗位包括班主任、备课组长、教研组长、学年组长和其他行政领导岗位。管理岗位绩效工资由基础津贴和绩效津贴两部分构成。

①资金来源：注入资金。

②发放原则：履行岗位职责全额发放基础津贴，根据考核结果相应发放绩效津贴。

③发放办法及标准：每学期分期中和期末两次发放，每学年发放四次。

A. 班主任津贴分为基础津贴和绩效津贴。

a. 班主任基础津贴。班主任按照学校要求完成教育管理工作任务，每半学期可获得基础津贴 700 元。因病因事不能上班者由代理班主任获得相应津贴。

b. 班主任绩效津贴。在同一年级依据每半学期管理工作考核分数进行评比，将考核分数从高到低排序，按 2∶4∶1 的比例确定班主任绩效津贴的等级，第一等发放津贴 600 元，第二等发放津贴 400 元，第三等津发放贴 200 元。班级出现下列情形之一及以上者取消当次绩效津贴评比资格：

1）学生发生严重打架事件，对社会和学校产生极坏影响的。

2）各类大型活动，因班主任不到岗位或组织不力引发事故的。

3）未按学校要求对学生进行安全教育，引发安全事故的。

4）请假时间累计超过当月最低时限的。

B. 备课组长：根据考核结果从高到低排序，按 1∶1∶2 比例顺次划为三等，第一等每次奖励 700 元，第二等每次奖励 500 元，第三等每次奖励 300 元。

C. 教研组长：根据考核结果从高到低排序，按 1∶1∶2 比例顺次划为三等，第一等每次奖励 800 元，第二等每次奖励 600 元，第三等每次奖励 400 元。

D. 学年组长：根据考核结果从高到低排序，顺次划为三等，第一等每次奖励 1 000 元，第二等每次奖励 800 元，第三等每次奖励 600 元。

E. 行政领导：根据教研组、教辅组教师平均津贴，领取奖励，其中不包括班主任津贴和组长津贴。

（4）奖励性绩效工资。

奖励性绩效工资即原年终一次性奖金。教职工原年终一次性奖金总和的 85% 为基础奖金，原年终一次性奖金总和的 15% 为绩效奖金。

①资金来源：全体教职工原年终一次性奖金总和。

②发放原则：依据各类人员绩效工资考核结果，按等级发放。

③发放办法：年末一次性发放。基础奖金直接发放，绩效奖金依据考核结果按 1：1：1 比例，分三个等级发放，第一等每人发放 1 000 元，第二等每人发放 800 元，第三等每人发放 500 元。

（5）寒暑假工资。

教职工享受带薪休假，寒暑假工资均按原工资总额全额发放。

2. 设立课时津贴，鼓励教师多劳多得（此项改革需注入资金 270 万元）

（1）特级教师 100 元/节；

（2）首席教师 80 元/节；

（3）名师 60 元/节；

（4）学科带头人 50 元/节；

（5）骨干教师 40 元/节；

（5）新秀教师 30 元/节；

（7）其他教师由 4 元/节增加到 20 元/节。

3. 设立高考突出贡献奖，鼓励教师绩优多得

（1）对升入清华、北大的学生的所在班级教师予以重奖，班主任 3 万元/人，任课教师 2 万元/人。

（2）对达到部分首批 985 院校当年高考录取线平均分以上的学生的所在班级教师予以嘉奖，班主任 8 000 元/人，任课教师 5 000 元/人。

（3）对重点大学、普本、二本上线人数超过指标较多的班级教师予以重奖，超过指标 100% 及以上的，班主任 1 万元，任课教师 8 000 元；超过指标 50% 及以上小于 100% 的，班主任 5 000 元，任课教师 4 000 元。

（4）对高考的第一名予以重奖。

①学生取得总分全省第一名的，奖励其所在班级班主任 10 万元，任课教师 8 万元。取得总分市第一名奖励班主任 5 万元，任课教师 4 万元。

②学生取得单科全省第一名，奖励任课教师 2 万元。取得单科市第一名奖励任课

教师5 000元。

③学生取得学科平均分全省第一名，奖励备课组5万元。取得学科平均分市第一名奖励备课组3万元。

（三）实施名优学生奖励办法，加大对特优生的奖励力度，鼓励名优学生来我市就读

1. 设立中考名优学生奖，对中考成绩进入全市前10名，且在我市高中就读者予以重奖

（1）总分第一名，奖励5万元。

（2）总分2~5名，奖励3万元。

（3）总分6~10名，奖励1万元。

2. 设立高考名优学生奖，对高考成绩优异学生予以重奖

（1）总分奖，省第一名奖励20万元，市第一名奖励5万元，××市第一名奖励1万元。

（2）名校奖，对升入清华或北大的学生奖励学生本人5万元，对升入浙江大学、上海交通大学、复旦大学、中国科学技术大学、南京大学及达到当年五校录取线平均分的学生奖励学生本人1万元。

四、实施步骤

（1）××××年××月××日—××月××日，完善方案，制定细则。

（2）××××年××月××日—××月××日，征求意见：①网上面向全体教师征求意见；②书面征求离退休老领导意见。

（3）××××年××月××日—××月××日，召开班子会议，汇总各方面意见建议，完善修改细则。

（4）××××年××月××日—××月××日，召开班子会议，研究各项实施细则和标准。

（5）××××年××月××日，召开绩效工资改革动员大会（全体教职工参加），发放资料和提案表。

（6）××××年××月××日，中层干部竞聘。

（7）××××年××月××日，提案汇总。

（8）××××年××月××日，教代会预备会议，对提案进行解答。

（9）××××年××月××日，召开教代会（通过决议和各项计划）。

五、保障措施

（一）经费来源

（1）课时津贴、特级教师安家费、绩效工资三项经费每年由市财政出资260万元，其余的学校自筹。

（2）取消市财政每年非税收入的统筹部分。

（3）高考奖励，由教育局从市所设优教基金中提取。

（4）名优学生奖励资金，由教育局从市所设优教基金中提取，不足部分学校自筹。

（二）改善教师办公、学习、生活条件，为教师安心工作、积极工作创造条件

（1）异地新建校舍，改善办学条件，优化教育环境。

（2）按信息化教学要求建设网络教室、多媒体教室，增设电子白板。

（3）教师配备笔记本电脑（学校出资80%，个人出资20%，归个人使用）。

（4）设立名师工作室，为特级教师、首席教师更好地发挥作用创造条件。

（5）新建单身教师公寓，改善单身教师生活条件。

（6）引进外地特级教师，一次性给予安家费20万元。

附录2.2　××职业技能培训学校教师绩效考核管理办法（试行）

一、总则

为强化学校专业技术人员绩效工作的公平管理，从建立市场经济体制，促进我校全面发展和建设高素质教师队伍的需要出发，结合我校教育工作的实际，形成人员待遇能升能降、优秀人才脱颖而出、充满生机和活力的用人机制，特制定本办法。

本办法主要适用××职业技能培训学校在编在岗工作人员。

二、指导思想

以学校教职工绩效工资实施为契机，建立科学规范的收入分配机制，充分发挥绩效工资的杠杆作用，真正做到干与不干不一样、干多干少不一样、干好干坏不一样，促使教职工积极主动地完成各项工作任务，努力推进我校教育事业持续、健康、快速发展。

三、绩效考核工作的原则

（1）尊重规律、以人为本。尊重教育规律，尊重教师的主体地位，充分体现教师教书育人工作的专业性、实践性、长期性特点。

（2）以德为先，注重实绩。完善绩效考核内容，把师德放在首位，注重教师岗位职责的实际表现和贡献。

（3）激励先进，促进发展。鼓励教师全身心投入教书育人工作中，引导教师不断提高自身素质和教育教学能力。

（4）客观公正，简便易行。坚持实事求是、民主公开、科学合理、程序规范，讲求实效、力戒烦琐。

四、绩效考核的主要内容

考核的主要内容是教师履行教育法律法规规定的教师职责、完成学校规定的岗位职责和工作任务的实绩。具体包括职业道德、职业能力、工作表现和工作成效四个方面，每项权重不得高于40%。

（一）职业道德

主要考核教师遵守教育法律法规、学校规章制度和教学行为规范的情况，教师对职业的认同感、敬业精神和事业心，教师的荣辱观、职业操守和以身作则情况，教师对学生的态度、方式和责任心，教师的大局意识和团结协作等方面内容。

（二）职业能力

主要考核教师实施教育教学的各项专业技能，包括教育能力、教学能力、教研能力和专业发展能力等方面内容。

（1）教育能力：主要考核教师了解学生思想状况、分析和解决学生问题的能力，组织德育活动的能力，与社区、家长和学生沟通的能力等。

（2）教学能力：主要考核教师把握和使用教材的能力，运用教学语言、教学方法、现代教育技术手段实施课堂教学和组织其他有关教学活动的能力，开发校本课程、开设第二课堂或选修课、举办讲座等课程开发的能力等。

（3）教研能力：主要考核教师从事教育教学研究、改革和对教育教学实践进行自我反思、评价的能力等。

（4）专业发展能力：主要考核教师全面掌握和拓展本学科专业知识、提高自身综合素质的能力，了解和运用教育新理念的能力等。

（三）工作表现

主要考核教师的履职行为，包括工作量、德育工作、教学常规、班主任工作等方面内容。

（1）工作量：主要考核教师承担教育教学工作任务、承担班主任工作、出勤率以及其他管理工作的情况（工作量的确定以岗位说明为准）。

（2）德育工作：主要考核教师结合所教学科特点在课堂教学中实施德育的情况，

履行全员育人职责、帮助学习困难学生或品行偏差学生的情况等。

（3）教学常规：主要考核教师的教学准备和教学实施情况，包括备课、课堂教学、作业设计和批改、辅导学生以及组织课外实践活动和参与教学管理的情况等。

（4）班主任工作：主要考核班主任对学生的教育引导、班级管理、组织班集体和团队活动及关注每个学生全面发展的情况。学生体质健康标准情况应作为考核依据之一。

（四）工作成效

主要考核教师完成岗位职责的效果，包括育人效果、教学效果和教研效果等方面内容。

（1）育人效果：主要考核教师指导学生学习的情况，以及促使学生道德行为习惯养成和身心健康发展情况。

（2）教学效果：主要以完成规定的教学目标和任务、学生达到基本教育质量要求和学生学业水平考试合格率为依据。

（3）教研效果：主要考核教师参与校本教研、课题研究情况，教育科研论文发表、获奖情况，以及辅导学生获奖情况等。

五、绩效考核办法及要求

（1）绩效考核应全面、客观、公正地对教师进行综合评价。具体可采用由多个评价主体参与、定性评价与定量分析相结合的方式进行。

（2）成立由学校领导、中层管理干部和教师代表组成的考核委员会，其中教师代表比例不低于60%。

（3）绩效考核工作一般由学校按规定的程序与年度考核结合进行，也可采取形成性评价和阶段性评价相结合的办法进行。

（4）学校应成立以书记、校长为组长的教师考核领导小组。

（5）教师考核领导小组下设教师考核工作组，教师考核工作组由书记、校长牵头，成员由行政、教务、政教、财务、教研组等科室负责人和教师代表组成。

（6）被考核教师应根据考核要求，对本学期教育教学工作进行总结，将书面材料提交学校教师考核工作组。

（7）学期考核采取定性考核与定量考核相结合的方法，以定量考核为主。依据教师本学期实际工作情况、民主测评调查结果及学校各部门工作实录，确定教师考核等级。

（8）教师考核工作组通过学生、家长座谈，学生民主调查，教师民主调查，开展评议会等形式了解教师情况。

（9）教师考核工作组汇总各方面考核情况，确定量化考核等级，并将结果提交给学校教师考核领导小组审议，由学校教师考核领导小组作出考核结论。

（10）考核结果要告知教师本人，并存入教师业务档案。

（11）教师对其考核结论有异议的，可在知悉考核结论后向学校教师考核领导小组提出申诉，学校教师考核领导小组应安排教师考核工作组尽快复核，将复核结果书面通知申诉教师。

（12）绩效考核工作在每年 1 月 20 日和 7 月 20 日以前进行。

（13）学校要从实际出发，围绕考核内容，进一步健全和完善教师绩效考核指标体系。指标体系既要符合全面实施素质教育的要求，体现课程改革的方向，又要正确发挥对教师的激励导向作用，充分体现考核指标的激励性和约束性的有机统一。

六、绩效考核等级的确定

（1）教师绩效考核等级分为称职和不称职两种情况。

（2）有下列情形之一者，绩效考核为不称职：

①政治立场不坚定，有分裂言行，参与民族分裂主义和非法宗教活动；散布民族分裂主义言论；传播有害于学生身心健康的信息；引诱、胁迫学生参加宗教活动的。

②违背党和国家的方针政策，违反社会公德，参与赌博、吸毒、宗教活动；严重违反教师职业道德，造成不良影响的。

③以非法方式表达诉求，干扰正常教育教学秩序，损害学生利益的。

④侮辱学生人格，造成恶劣影响；体罚、变相体罚学生，造成重大后果；私自向学生收费，随意征订教学资料；向学生、学生家长索要钱物，指使家长宴请、为自己办私事的。

⑤从事有偿家教以及其他有碍完成教育教学任务等违规违纪行为的。

⑥因失职而造成重大安全事故的。

⑦无故不完成教学任务，给教学工作造成损失的。

⑧中国汉语水平考试（HSK）中替考、违规、违纪者。

⑨在教师专业水平测试中成绩不及格的（本学期期末教育局对教师专业水平测试成绩不及格的教师进行测试，不及格者绩效考核为不称职）、无故不参加教师专业水平考试的，以及参加自治区两年双语脱产培训教师参加专业水平测试不合格者。

⑩未经上级组织同意外出脱产学习的。

⑪在国家、自治区级培训（双语培训、骨干教师培训等长短期培训）中被通报者。

⑫在师德师风方面，违反《中华人民共和国教师法》《中小学教师职业道德规范》及有关规定，情节轻微的，酌情扣除绩效考核得分。凡学期内受到通报批评、警告、记过、记大过、降级、撤职、开除处分的，分别扣除绩效考核得分的20%、30%、50%、60%、70%、80%、100%。

⑬本学期旷工或无正当理由逾期不归连续超过3个工作日的；旷工或无正当理由逾期不归当年累计超过10个工作日的；病假连续超过15个工作日的；病假累计超过30个工作日的；事假连续超过15个工作日的；事假累计超过30个工作日的；病、事假当年累计超过30个工作日的（产假、婚假、丧假、计划生育假、大病手术除外）。

⑭严重违反学校规章制度的。

（3）学校要根据实施绩效工资的要求，对考核称职的教师，经评选进一步划分为优秀、称职、基本称职或更多等级，一般评选出优秀等级的教师人数应多于年终考核获优秀等级的教师人数。

七、绩效考核结果的运用

（1）要严格按照上级统一标准，每月正常发放基础性绩效工资（城镇学校教师按70%的标准足额发放）。年终绩效考核结果作为剩余部分绩效工资分配的主要依据。对考核称职，履行了岗位职责、完成了学校规定的教育教学工作任务的教师，根据绩效考核分来发放绩效工资，对有突出表现或作出突出贡献的，视不同情况发放奖励性绩效工资。绩效考核不称职的教师，年底不发放奖励性绩效工资，扣减部分全额用于该年度本校内教师的奖励。

（2）要根据绩效考核结果，合理确定奖励性绩效工资分配等级，坚持向一线教师、骨干教师和作出突出成绩的教师倾斜，适当拉开分配差距，做到公开、公正、透明、合法、合理、合情。

（3）绩效考核结果作为教师岗位聘任、职务晋升、培养培训、表彰奖励等工作的重要依据。

（4）充分考虑我校教师的具体情况，对于因身体原因或年龄偏大、知识结构老化导致难以胜任双语教学的少数民族教师，在绩效考核结果的使用上要本着具体问题具体分析的态度予以区别对待，适当予以照顾，使他们的绩效工资处在一个合理的水平，避免与在岗教师形成过大差距。

（5）教职工个人考核共计100分，其中职业道德15分、职业能力30分、工作表现30分、工作成效25分。

①职业道德（15分）：主要考核教职工出勤情况。病假3天扣1分、事假1天扣1分、旷工1天扣3分，本项得分扣完为止，不计负分。婚丧嫁娶产等法定假不扣分，考核依据为学校考勤记录。

②职业能力（30分）：量化出学校所有岗位周工作量。全体教职工周工作量相加，得出学校各个岗位周工作量总和，再除以全校教职工总数，得出学校教职工周人均工作量。教职工周实际工作量除以学校教职工周人均工作量再乘以工作量即为教职工工作量得分（可参考学校岗位说明书）。各学校要合理安排教职工的工作量，尽量使教职工周工作量均衡。

③工作表现（30分）：主要考核教职工在教育教学过程中的工作岗位职责履行情况、安全管理职责履行情况、工作态度和责任心等几个方面。专任教师重在考核备、教、批、辅、考、研等常规教学的落实情况和教学研究及教学研究活动参与情况。要引导教师把教学工作落实在平时，积极参与教学研究活动，提高课堂教学效益，实施素质教育。从事非教学工作的人员的此项考核，各办公室要制定相应的细则。

④工作成效（25分）：主要考核教职工的工作任务目标完成情况和工作的实际效果。专任教师兼有学校其他工作的，要根据兼职情况将本项考核分值按照一定比例分解为教学分与兼职分，分项考核计算本项得分。非专任教师的教育教学实绩考核，由学校依据岗位任务目标及每次安排的工作任务制定详细的考核细则。

教职工年终奖金分配以工作绩效考核结果为依据。每位教职工个人绩效考核得分相加，得到全校教职工绩效考核得分总和。教职工个人奖励性绩效工资额计算公式如下：

教职工个人奖励性绩效工资额 =（全校年终奖励性绩效工资总额/全校教职工绩效考核总分）×教职工个人绩效考核得分

八、绩效考核的组织领导

（1）绩效考核是一项复杂的系统工程，政策性强，涉及面广，关系到广大教职工的切身利益。要高度重视，精心部署，认真组织实施。

（2）学校要根据本办法，结合本校实际，进一步细化和制定本校绩效考核办法，认真分析和解决绩效考核中存在的问题，不断总结和推广绩效考核的经验，努力提高绩效考核工作的水平。

（3）学校管理人员和教辅工勤人员的考核办法，参照本办法，由学校根据岗位目标制定。

（4）学校成立奖励性绩效工资考核分配工作领导小组，负责指导奖励性绩效工资的考核与分配工作。

九、绩效考核的监督管理

学校成立奖励性绩效工资考核分配工作督查组，负责监督学校绩效工资的考核与分配工作。

十、绩效考核的基本要求

（1）学校要根据以上考核管理办法，结合学校工作实际制订各办公室具体的考评方案（细则），各办公室考评方案（细则）必须经过校委会全会讨论通过（有三分之二以上的与会人员到会，且得到90%以上到会人员的同意）。各办公室考评方案（细则）一旦经过校委会全会通过，不得改动，如果执行过程中方案（细则）有失公允，则方案调整事项必须通过上述程序。考评的各项得分必须有原始依据为证。

（2）实施考核的全过程要公开透明，随时接受教职工的监督和质询。考核量化分数揭晓后，要在本校进行公示，公示期限不得少于5个工作日。有意见的教职工要及时核实考核分值，考核分值有误的，必须重新确定考核分值。各责任办公室必须严格执行规定，认真做好复核、申诉的答复工作，不要激发矛盾，将问题化解在基层，做到合法、合理、和谐考核。

十一、绩效考核纪律要求

（1）实行本办法后，学校一律不得另立名目自行发放津贴、补贴，不得挤占学校公用经费和项目资金发放津贴、补贴，不得利用学校其他收入，违反收支两条线规定坐收坐支，私自发放津贴、补贴。

（2）学校把教职工绩效工资考核分配工作纳入年度工作任务目标考核内容，进一步加强对此项工作的监督和管理。教师考核领导小组长将亲自对学校绩效工资考核分配情况进行督查。

（3）凡违反有关纪律和规定的，一经查实，将严格按照组织程序严肃追究书记、校长、分管校长和财务人员的党纪政纪责任。

本办法解释权属于××职业技能培训学校，自印发之日起试行。

附录3　广东省高等教育财政绩效工资改革方案

××大学绩效工资实施方案（修订）

一、绩效工资改革的指导思想和基本原则

（一）指导思想

根据国家和广东省中长期教育改革发展规划和人才发展规划纲要的总体要求，以实施绩效工资改革为契机和突破口，建立健全与岗位设置管理相适应的业绩考核评价机制，逐步形成完善的绩效工资水平决定机制和有效的分配激励机制，切实加强各类岗位队伍建设，全面提升人才培养质量，推进我校各项事业的持续、健康、快速发展。

（二）基本原则

（1）坚持按劳分配，多劳多得，优劳优酬的原则；

（2）坚持重点向教学科研一线教师倾斜，重点向优秀人才、重点岗位倾斜的原则；

（3）坚持公开、公平、公正的原则；

（4）坚持统筹兼顾、点面平衡的原则。

二、实施范围

（1）2010年1月1日及以后在编在册的正式工作人员，列入实施绩效工资范围。

（2）2009 年 12 月 31 日及以前已办理退休手续和已达到或超过退休年龄未办理退休手续的人员（经批准办理延长退休手续人员除外）不列入实施范围，按照退休人员待遇的有关规定执行。

三、国家和本市津贴补贴项目、标准的处理

（1）根据国家规定，事业单位实施绩效工资与规范补贴相结合的方法。原国家规定的年终一次性奖金，以及原工资构成津贴比例按国家规定高于 30% 的部分，纳入绩效工资总量，不再另行发放。

（2）原本市规定的津贴补贴项目（含国家规定项目、标准，本市提高部分），包括地方职务（岗位）津贴、医保补贴性工资、地方生活津贴、八类地区工资补贴、物价补贴、伙食补贴、回族等少数民族物价补贴和伙食补贴、郊县工作津贴、海岛工作补贴、婴儿牛奶补贴、中夜班补贴、住房提租补贴、夏令补贴、增收节支奖、节编奖（包干工资）、书报费、年终一次性奖金中的地方职务（岗位）津贴部分，以及原本市规定的教育事业单位的津贴补贴项目，包括教育工作者津贴等，予以取消，其标准归并纳入绩效工资总量。

（3）原学校自行发放的津贴补贴奖金等项目，予以取消，其标准归并纳入绩效工资总量。

（4）国家规定发放的上下班交通补贴、粮油补贴、教（护）龄津贴、政府特殊津贴、各类特殊岗位津贴，以及本市原独生子女父母奖励费、选派青年志愿人员赴云南扶贫补贴、选派干部赴西藏等省市补贴等省市补贴项目和标准继续保留，不纳入绩效工资总量。

四、绩效工资总量的核定

（1）根据市教委、市人保局规定的控制范围和学校实际，核定人均绩效工资水平和绩效工资总量。

（2）校级主要领导的绩效工资，在市人力资源社会保障局、市财政局、市教委核定的本单位绩效工资总量内，由学校统筹考虑确定。其中，岗位津贴按全市统一标准执行；工作量津贴由学校制定发放标准，一般按月发放；绩效奖励部分根据绩效考核结果，由学校发放。

校级主要领导的绩效工资水平，一般不超过本校人均绩效工资水平的2.5倍。规范前绩效工资水平超过本校人均绩效工资水平2.5倍的，规范后，超过部分暂时保留，待学校人均绩效工资水平提高后予以分步冲销。

（3）对符合本市岗位设置管理要求的特设岗位聘用人员和执行省部级及以上引进人才计划协议年薪的人员，收入超过所在单位人均绩效工资水平以外部分可不纳入绩效工资总量。

五、绩效工资的构成与分配

绩效工资由基础性绩效工资和奖励性绩效工资两部分构成。其中基础性绩效工资约占总量的60%，奖励性绩效工资约占40%。

（一）基础性绩效工资

基础性绩效工资以岗位聘用为基础，根据各级各类人员履行岗位职责、完成工作任务的情况等因素确定。基础性绩效工资分为岗位津贴和工作量津贴两部分。

1. 岗位津贴

由市人力资源和社会保障局、市财政局分别按照专业技术、管理、技术工人、普通工人四类岗位分别制定统一标准。其中，专业技术岗位设置13个等级，管理岗位设置10个等级，技术工人岗位设置5个等级，普通工人不分等级。不同等级的岗位对应不同的津贴标准。教职工依据所聘岗位和工作年限，执行相应的岗位津贴。岗位津贴按月发放。

2. 工作量津贴

学校根据各级各类人员岗位等级和岗位工作量要求的不同，分别确定工作量津贴标准。

（1）教师（研究）岗位。

根据规定，岗位分为11个等级，按岗位等级确定工作量津贴标准。研究人员按职务档次，教师副高以上分为研究为主型、教学科研型两种类型，分别确定工作量要求。各等级工作量津贴标准按现行各等级岗位津贴的80%确定。

（2）其他专业技术岗位（含非一线专业教师）。

工作量津贴根据专业技术岗位职务档次，分为正高、副高、中级、初级、初初级5级，初级以上每级分为两档（第2档参照教师同级职务最低等级的90%，第1档参照教师同级职务最低等级的标准），各等级工作量津贴标准按现行各等级岗位津贴的80%确定。各职务档次的岗位工作量根据岗位工作职责制定。

（3）管理岗位。

工作量津贴按管理岗位职级分为三级、四级、校长助理、五级、六级、处长助理、七级、八级、九级、十级共10级，九级以上每级12档。各级岗位工作量根据岗位工作职责制定。各等级工作量津贴标准按现行各等级岗位津贴的80%确定。

（4）工勤技能岗位。

工作量津贴按技术等级和工作内容分为四级，每级2档，各类岗位工作量根据岗位工作职责制定。各等级工作量津贴标准按现行各等级岗位津贴的80%确定。

（二）奖励性绩效工资

奖励性绩效工资以工作业绩为基础，根据各类人员的绩效考核结果、取得的创新性成果、作出的突出业绩和突出贡献等情况确定，分为基础业绩奖励性工资和超额奖励性工资。

（1）基础业绩奖励性工资：完成基本岗位工作量后发放的奖励性工资。基本工作量未完成的，不予发放基础业绩奖励性工资。各级各类人员的基础业绩奖励性工资标准按现行各等级岗位津贴的20%确定。

（2）超额奖励性工资：根据超额完成工作量的情况确定。具体津贴项目如下：

①教学及相关绩效津贴。

主要包括超额课时津贴、本科生导师津贴、实习指导津贴、系（专业和教研室）负责人教学管理津贴及其他相关教学津贴等。

②科研及相关绩效津贴。

主要包括研究生导师津贴、学术委员会等学术组织活动津贴、学科（学术）带头人科研管理岗位津贴、科研标兵奖及其他相关科研奖励津贴。

③学生工作绩效津贴。

主要包括竞赛指导津贴、学生社团指导津贴、创新团队指导津贴、住宿辅导工作津贴等。

④其他绩效津贴。

主要包括年功津贴、主管及领班津贴、浮动津贴、住房津贴、人才引进特殊津贴及其他特殊津贴。

（三）奖励性绩效工资标准和办法

（1）奖励性绩效工资的标准由学校根据上级主管部门核定的我校绩效工资总量水平确定。

（2）按照岗位职责要求，按实计发，多劳多得，优劳优酬。

（3）由所在单位审核制单，相关操作主体部门复核签章，人事部门核计，财务部门核发。

（4）奖励性绩效工资分类定期发放。

（5）没有完成岗位基本工作量的人员，由相关部门对其基础性绩效工资进行扣减。

六、经费保障与财务管理

（1）实施绩效工资所需经费：在财政拨款框架未作改革之前，经费来源渠道不变。

（2）实施绩效工资增量部分，由市教委在教育经费增量中安排绩效工资经费以及学校自有资金按一定比例分担。

（3）规范学校财务管理和国有资产管理。学校取得的政府性收入，应按有关规定及时足额上缴国库或财政专户。实行“收支两条线”管理。不得在核定的绩效工资总量外自行发放任何津贴补贴或奖金，不得违反规定的程序和办法进行分配。

（4）绩效工资经费应专款专用，按财政部规定，加强会计核算管理。绩效工资应以银行卡的形式发放，原则上不得发放现金。单位工会经费、集体福利费和其他专项经费要严格按照现行财务会计制度规定的开支范围使用和核算。

（5）按规定由政府投入的人才项目人员经费，引进高层次人才的特殊报酬等，暂不纳入绩效工资总量管理，另行逐步规范。但须统一纳入教师统计范围，便于市教委实时掌握教师收入变动情况和水平。

（6）学校应规范教师队伍建设专项资金中人员经费的使用，严格按照专项资金管理办法中的开支范围使用和核算，有关管理办法报市教委备案。

七、组织实施

（1）学校成立绩效工资制度改革领导小组，成员由校领导组成。

（2）学校成立绩效工资制度改革执行小组，由分管人事的校领导任组长，成员由人事处、财务处、教务处、科研处、学生处、研究生部、纪委（监察审计处）等各科室人员组成，负责具体实施工作。

八、其他相关问题的说明

（1）职工所聘岗位（职务）和工作年限的确定办法，按照2006年国家工资制度改革的相关口径执行。达到事业单位岗位津贴标准表规定的工作年限，且年度考核累计五年合格及以上的人员，可从达到规定年限的当年1月1日起，执行相应的岗位津贴标准。

（2）在国家规定出台前，军队转业干部暂按其现聘岗位执行相应的岗位津贴标准。

（3）岗位变动的人员，从岗位变动下月起，执行新聘任岗位的绩效工资。

（4）经批准在两类岗位上任职的人员，按其国家岗位工资对应的岗位，执行相应的岗位津贴标准。

（5）新参加工作的大学本科（含双学士学位的本科生和未获得硕士学位的研究生）及以下毕业生，实行一年见习期，见习期间，按其所在岗位系列最低档岗位津贴标准的60%执行；获得博士、硕士学位的毕业生在执行初期工资期间，按其所在岗位系列最低档岗位津贴标准的70%执行。其他新聘用人员，连续工作满一年以上的，按其聘任岗位，比照同等条件人员岗位津贴标准执行。

（6）职工受行政纪律处分的（受开除公职处分除外），岗位津贴全额计发；受取保候审、行政拘留、强制戒毒、强制收容教育等行政处罚，以及刑事处罚的，在处罚期内，停发岗位津贴；停职审查的，在接受审查期间，暂缓发放岗位津贴，待审查结束作出结论后，再确定如何发放。

（7）职工在病假、事假、哺乳假期间，其岗位津贴计发比例，参照国家有关病假、事假、哺乳假期间计发工资的有关规定执行。

（8）停发、扣发和减发，根据学校有关规定执行。

九、附则

（1）学校原来出台的有关政策与本方案相抵触的，以本方案为准，若上级政策变化，按上级有关文件执行。

（2）学校聘用的非在编人事派遣人员，参照在编在岗人员的标准执行。劳务派遣人员，按原规定执行。

（3）本方案自2014年1月1日起执行，已发放的各类津贴补贴，按实结算。

（4）本方案由校长办公会议负责解释。

参考文献

［1］BARRO S M. Macroeconomic versus RTS measures of fiscal capacity：Theoretical foundations and implication for Canada［R］. Institute of Intergovernmental Relations，2002.

［2］马红旗，陈仲常．省际流动人口、地区财政人口负担及基于人口负担的均等化转移支付方案［J］．经济科学，2012（4）．

［3］屠建州，马红旗，中国教育财政缺口与基于教育均等化的转移支付模式研究［J］．财经研究，2016（2）．

［4］尹恒，朱虹．中国县级地区财力缺口与转移支付的均等性［J］．管理世界，2009（4）．

［5］王声平．普惠性民办幼儿园教育质量保障机制的结构及现实构建［J］．学术探索，2018（1）．

［6］赵海利．构建财政性学前教育投入增长的保障机制——基于经济学需求与供给的视角［J］．教育发展研究，2016（20）．

［7］靳卫东．农村义务教育经费保障机制改革的成效评价［J］．统计研究，2014（12）．

［8］刘亚荣，郭丽娟．完善教育投入机制，提高教育保障水平：家教育体制改革试点调研报告［J］．中国高教研究，2014（9）．

［9］乔春华．后4%时代教育经费投入的法规保障机制［J］．会计之友，2014（13）．

［10］何丽．农村义务教育经费保障机制改革的地区成效差别：于地方财政行为的考察［J］．中国软科学，2014（3）．

［11］齐晓恬．美、英、印三国学前教育财政投入的保障机制特点分析［J］．河北师范大学学报（教育科学版），2012（6）．

［12］李堋，谢德，路晓峰，王生国．完善政府投入为主的教育经费保障机制研究——基于甘肃省教育经费保障的实证分析［J］．经济研究参考，2011（72）．